說東道西

深度解析中西文明之差異

若缺 著

壹嘉出版
旧金山·2019/4

说东道西——深度解析中西文明之差异 若缺 著
On the East and the West (Simplified Chinese Edition) by Ruoque

© 若缺 2019

本书由若缺授权壹嘉出版在美国独家出版

所有权利保留

Published by 1 Plus Publishing & Consulting
in The United States of America
All Rights Reserved

ISBN 13: 978-1-949736-02-1

书名：说东道西——深度解析中西文明之差异
作者：若缺
出版人：刘雁
装帧设计：壹嘉出版
开本：6"×9"
定价：US$ 21.99
出版：壹嘉出版
网址：www.1plusbooks.com
美国·旧金山·2019

目 录

引 言　　　1

上编　中华文明优劣辨　15

第一章 用现代语言把儒释道讲清楚　16
第一节 老子有定律　16
第二节 佛教不造神　25
第三节 儒家讲中庸　37

第二章 灿烂文明为什么风光不再　46
第一节 虚与实的脱节　46
第二节 本能的扭曲　53
第三节 跛脚的文明　59

中编　西方文明是非谈　65

第一章 一幢顶天立地的大厦　66
第一节 一种不同的设计理念　66
第二节 谁主沉浮？西方文明与中华文明不同的解答　73
第三节 最牛的主义　82
第四节 科学的证实　91

第二章 原来它的地基不稳 96

第一节 借一只碗讲主义 96

第二节 妄想的历史终结 107

第三节 证实了吗,科学? 113

第四节 再读《独立宣言》 121

下 编 走共同文明的道路 128

第一章 大科学大视野 129

第一节 重新认识哲学 129

第二节 大科学理论体系,新研究方法 139

第二节 当学生也当先生 146

第三节 相向而不是对立与中国梦 154

第二章 人类社会的未来预测 159

第一节 民主还是要的 159

第二节 与魔鬼比速度 166

第三节 从其他生命社会,人类能学点什么? 173

引 言

老子说:"知人者智,自知者明,胜人者有力,自胜者强",人尚且应如此,何况一个国家、一个文明呢?中国当前所进行的改革开放的实质:从一国、一党小的尺度说,是对未来社会治理走向进行选择的问题;而从一种文明延续的大尺度说,则是如何做到"知人"、"自知"、"自强"更大的问题。本书分上、中、下三编,想站在中华文明的角度上,以西方文明为对象,围绕"自知"、"知人"、"自强"做三篇文章。其中第一编主要讨论中华文明的优劣,第二编主要讨论西方文明的是非。这两编都分别由两章构成,第一章主要讲优点,第二章则主要讲缺点。当然,这也不是绝对的,因为优与劣本身就不是绝对的,即便想把它们划分清楚也是做不到的。第三编则主要讨论如何做到自强的问题。

第一编:中华文明优劣辨。这编的目的是在自知上有所突破。其实中华文明自知这件事一直有人在陆续做,但都距作者想达到的那种效果相差甚远,概括地说是形而上者困于上,形而下者失于下。例如作者翻阅了近期出版的几本注释老子的书,其主要内容还未能在一千七百多年前三国人王弼的基础上有所进步,仍困惑于"道"与"无"的解释上,即作者所说的形而上者困于上。又例如,近来讲儒家经典的书虽五花八门，但没有一本能回答为什么孔子认为中庸是最高等级的德？更没有人能回应西方大政治学家亨廷顿对儒教"根本不民主"这样的彻底否定，任西方学者站在所谓的道德高地上对我中华文明横加指责，即作者所说的形而下者失于下。究其原因，是因为这些学者自己站得不够高，视野不够广。

作者以为一个文明的形成不可避免地都要从思考"我们身处的世界是从哪里来的，又将归结到哪里去"这样的最基本问题开始，中华文明如此，西方文明亦是如此。从这点上说，不同文明的源头都是一样的，后来产生的差异正是从对这个问题不同的解答开始的。中华文明认为世界是没有元叙事的，即世界没有绝对的创世，也没有必然的终世。之所以这么说，是因为：作为中华文明政治理论主流的儒家思想追求的是"中庸"；作为中华文明宗教主流的佛教是不信神，也不造神的；作为中华文明哲学思想的代表老子学说更是不承认有绝对真理的。三者在这个问题上具有一致性。

与中华文明不同，西方文明认为世界有始有终。它的宗教是有神的，它的主流哲学思想——现代主义是承认绝对真理的，它的自然科学正在探索着宇宙的第一次推动，它的政治理论也在试图终结历史。需要说明的是，本书使用的现代主义一词特指：以承认绝对真理为前提的叙事体系，而非在文学艺术领域人们通常理解的现代主义。当然，在这两大文明的发展过程中内部质疑的声音始终是存在的，但这些声音仅仅是"杂音"，并不能撼动主流声音对世界观表达的声势。正是这种对世界本质理解的不同，导致了两大文明的差异。反过来说，今天我们在表观上看到的两大文明的许多不同都能追溯到对世界理解的这个根本不同上。

对比西方文明，在世界观这个问题上，中华文明既优也劣：

优在它认识到事物普遍存在的不确定性属性，不承认绝对真理。因此表现在政治上讲中庸，追求社会和谐；在宗教上讲悟，不走极端教义路线；在哲学上讲"无"生万物，不搞绝对价值观那套；在文化艺术上讲境界，重写意。劣在它忽视事物普遍存在的确定性属性，虚而不实。因此表现在政治上对"利"疏于引导和利用，限制商业的发展；在宗教和哲学上，均形而上过重，形而下不足，难以对大众普及传播；在文化艺术上写实的表现形式严重欠缺，在科学技术上更是表现出主动探寻确定性和追逐利益的动力不足。中华文明的优点和缺点都非常鲜明。

　　作者在本书中首次在学术上明确提出了中华文明世界观这个命题，并将其概括为：世界上一切事物都是确定性与不确定性的共同载体。中华文明世界观成形的标志是《老子》，《老子》的第一句话，"道可道，非恒道"，可以说就是这种世界观的简洁表述。道是什么？道指世间所有事物遵从的规律，既包括有形的物体，也包括无形的各种活动。这句话的意思是：世间所有事物的规律你都是可以追求和表达的，但不管你如何追求和表达，你都不能获得绝对的结果。例如：美是可以追求的，但我们不可能获得完美。因为完美意味着美被终结了，后人再也没有美可以去追求了，美死亡了，思想也死亡了。又例如，生命这个概念我们可以从不同的角度去表达、去定义，都不可能做到绝对的严谨，也就是说生命与非生命之间并没有绝对的界限，否则生命就不可能由非生命产生。

　　既然老子的这句话反映了世间所有事物普遍遵从的规律，我们何不按西方人的习惯将其称为老子定律？免得一提起某某定律，其背后都是西方人的名字，中国人不沾边，其实早在两千多年前中国人就发现了事物普遍遵循的最基本定律。后人之所以困惑于对"道"的解读上，是因为他们没有从更基本的世界观角度去理解它，更为重要的是，多数解释者本身的世界观就是不对的。老子定律如果不从中华文明的世界观去解释，是不可能解释通的。既然"道"指的是世间所有事物遵从的规律，那就意味着当我们用任何具体的表达来形容它时都会有缺陷，都只是局部而不是全部。这与西方文明所指的规律有着本质区别，西方文明所说的规律都意味着产生一个具体的确定性结论，但老子定律并不直接产生任何具体的可以在实践中面对的确定性结论，它给出的唯一确定性结论就是"绝对"是不可能实现的，由于绝对本身是不可实现的，因此我们也不可能在实践中面对它。在这个问题上，中华文明与西方文明就产生了直接的冲突，这个冲突的根源是两大文明对世界本质的认知不同。那么谁对呢？如果从根儿上说，我们可以明确地回答是中华文明对。但在任何具体问题的讨论中我们并不能给出绝对的是与非的回答。看上去这很矛盾，但实际上并不矛盾。要把这个问题搞得更清楚一些，读者需要认真地读完本书，而且清楚到什么程度，还取决于读者的悟性，作者并不能保证你一定懂。作者能够保证的是，只要认真读了本书，你一定会对世界，对中华文明和西方文明有全新的认识，而且这种认识会对你今后的学习、生活、工作产生积极的影响。

  应当承认，老子虽然提出了老子定律，但他本人对这个定律的认识也并不是全面的，这表现在他过于强调了对绝对的否定，而轻视了对确定性追求的必要性。因此，他对现实世界的态度虚而不实。这种态度本身也违背了他自己确立的定律。因为这个定律首先告诉我们："道可道"，即任何事物的规律都是可以追求的，它否定的只是这种追求的绝对，即"非恒道"。不管人们的态度是积极的还是消极的，人类的活动实际上都是围绕对追求不同条件和环境下的局部和有限确定性展开的，是你想回避也回避不了的。我们每时每刻都要面对选择，这些选择的实质就是对确定性的追求，老子定律告诉我们不管你做什么样的选择都不可能是完美的，但老子定律并不能告诉我们怎样选择是合适的，对待眼前的选择老子的态度是等等看，不轻易采取行动，等积累了充足的经验后再选择,我们不能说老子的态度不对,但这种态度多少有点消极,有些事可以等,很多事是等不起的,不仅因为人的生命是有限的,犹豫徘徊之间一晃就过去了,而且因为困难往往会随时间延长而加大,那时再去选择无疑会增加付出的成本。老子在具体作为上的消极,也反映出老子定律的一个重大缺陷,即知其然不知其所以然。正是这个缺陷慢慢演化成了中华文明的一个重大性格缺陷,重虚不重实。作者在自己的《社会系统学的基本原理》一书中,通过组织定律的形式对老子定律做了更为全面的表述。关于组织定律在本书中作者也将有较为详细的讨论。

在老子数百年后传入中国的佛教,其世界观可以说与老庄哲学不谋而合,认为世界是无始无终的。这也是佛教能在中华大地扎下根来,并演化为中华文明的一个重要组成部分的关键原因。甚至在今天,绝大多数人对宗教仍存在一个重大误解,即认为宗教与科学是不共戴天的。导致这一误解的原因是人们以为宗教都是有神的,而迄今所有科学的证据都不支持神的存在。其实起码对佛教来说这种认识是不对的,因为佛教不仅无神,而且批判神的存在。作者在本书中指出,佛教不仅不与科学冲突,还对科学有助益。作者通过"不可逆性"和"熵"概念,具体讨论了佛教对自然现象的科学揭示,指出佛教甚至早在一千多年前就成功解释了现今科学理论尚不能合理解释的一些自然问题。这是佛教积极的世界观所致。许多人恐怕不知,我们今天倡导的雷锋精神,实际上是我中华文明大乘佛教千百年来一直在弘扬的精神,即普渡众生的利他精神。当然佛教也有它的问题,如不重视对人的利己本能的正常疏导,片面地强调克制利己,将利己与利他对立起来等。

作为中华文明的另一主线,儒家思想虽然并没有明确提出世界观问题,但从孔子将中庸视为德的最高境界这一点看,它与老庄、佛教的世界观是相通的。但随着儒家思想逐渐演化成儒教，特别是到程朱理学时期，糟粕就多了起来，也与老庄哲学和佛教思想发生了明显背离，这是我们需要批判的地方。自打近现代以来，中国学者对儒家思想或儒教的定位就陷入了一种非常矛盾的态度，肯定的否定的都有自己貌似充分的理由，其实从根本上说，是因为不管是肯定者还是否定者都没有辨清儒家思想的优劣到底在哪里，他们用以进行评价儒家思想的理论体系自身也都存在问题。作者以为儒家思想的优点在于：在社会治理的实际操作层面，儒家思想强调了人的社会依赖本能的作用，例如强调家庭的作用，强调利他的君子范儿，并提出了一系列以人的社会依赖本能为核心的价值体系如忠孝仁义等；在理论体系上，儒家思想与老庄哲学、佛教思想相契合提出了有利于社会整体发展的中庸、和谐的社会治理理念。儒家思想的缺点在于：在社会治理的实际操作层面，儒家思想忽视了对人的利己本能的调整，片面强调克己，将利己与利他对立；在理论体系上，儒家思想的发展后期越来越强调统治的绝对合法性，背离了中华文明的世界观。

　　本书第二编"西方文明是非谈"的目的，是在做"知人"这件事。这件事不管东方还是西方也都有很多人在做，当然对西方人来说是"自知"而不是"知人"。由于相对于中华文明处于一个阶段性的下降区间时，西方文明则正处在一个明显的上升期，西方人更多是在做发展自己文明的事情，"自知"远非主流。同样的原因，中国人虽然大量在做这件事，但看别人是的地方过多，非的地方过少，甚至把非当是来看待。当然所谓的是与非并不是绝对的，若不从文明的根子上加以区分是很难辨别的。现在很多国人在做的就是只看一时的表面现象，眉毛胡子一把抓：对自己文明坏的、好的都丢掉；对西方文明好的、坏的都拿来。

　　作者以为与中华文明优劣的原因一样，西方文明的是与非从根本上说也出在其世界观上，但是与非的内容却与中华文明相反，即西方文明"是"在对事物确定性的主动追求上,"非"在对事物不确定性的认知不足上。简言之,我们要学习的是西方文明对确定性的积极追求,要防止的是西方文明对确定性的绝对追求。

在本编中,作者刻意增加了对现代科学技术的讨论。今天不管是中华文明还是西方文明的绝大多数学者都认为,建立在实验证实基础之上的现代科学技术是人类进步的最为稳固的基石,他们甚至想都没有想过,这个基石其实并不如看上去的那么稳固,在其背后隐伏着重大问题。实际上,现代科学技术带给人类的远非全部是正面积极的东西,它是一把地地道道的双刃剑。一方面,不可否认科学证实的方法极大地推动了现代科学技术的发展,增强了人类适应自然环境的能力;但另一方面,科学证实的方法也产生了不可估量的消极作用,除了扩展了人类贪婪的胃口,还有一个重大的负面影响就是充当了绝对世界观帮凶的角色。长期以来,人们误以为科学实验的证实是对确定性的无条件证实,是对存在绝对真理的肯定。但随着科学技术的进一步深入发展,那些处在科研第一线的科学工作者已经开始感觉到其实这是错误的。他们发现所谓的证实只是在有限条件下的证实,原先那些已经被确立为等式的证实成果,在超出证实条件的情况下纷纷显现出偏离等式的情况。这也为我们纠正这一错误提供了契机。实际上,中华文明的世界观早就指出世界本就不存在绝对。只不过由于中华文明在近现代被西方文明的风头盖过,因此它的正确观察长期被人们忽略。本编中,作者在第一和第二两章中各用一节分别讨论了现代科学技术对西方文明的积极促进作用和负面影响。

西方主流哲学从苏格拉底开始就走偏了,即它承认所谓的绝对真理,并为此奋斗了整整两千五百多年,屡败屡战,苦撑到现在。但恰恰是这个走偏了的主义造就了西方文明对确定性不懈追求的秉性,并由此引发了从蒸汽革命到信息革命的现代化浪潮,推动了科学技术的迅猛发展。其实这并不矛盾，因为任何事物都是确定性与不确定性的共同载体，现代主义带有根本性的错误，反而在迎合事务确定性上产生了自觉的积极意义。即在现代主义意识推动下，人们纷纷在"高"、"快"、"精"各个方向上追求绝对，虽然绝对是错的，也是实现不了的，但是"更高"、"更快"、"更精"的结果却是在一定的条件和环境下可以追求的，并可以产生积极的意义。不幸的是，与自然科学向绝对进军的努力可以产生积极的效果不同，在社会科学领域向绝对进军的努力无一例外地都会产生极其消极的结果，其道理很简单，不像非生命物质，人和人类社会根本承受不起这类超"极限"运动的强大冲击。我们很难想像，如果ISIS在全世界取得了执政地位，人类将面临怎样的苦难，而ISIS仅仅是向绝对迈出的一小步而已，仅仅是这一小步就已经让全世界神经紧绷了，何况是一大步，更何况是一大步一大步地走下去呢？

与西方现代主义哲学相互呼应，西方宗教信神，西方政治学讲主义三者与中华文明三大主线儒释道一样也保持着一致性，共同形成了西方文明的基本特质，重实而不重虚，或者说强在对确定性的追求上，弱在对不确定性的认识上。这一文化性格决定了西方文明的优劣与中华文明的优劣具有很强的互补性，中华文明的长处是西方文明的短处，西方文明擅长的是中华文明欠缺的。

在宗教领域，西方文明宗教的教义明显带有在神表象下的绝对性，因此在教义的传播上强调"牧"，而不是"悟"。由于对绝对化教义的解释本身是不可能绝对的，即主观上虽然认为某一教义是绝对的，但由于绝对是不存在的，人们无法实现对教义的绝对表达，因而在有神宗教中往往会产生势不两立的教派纷争，也很容易产生极端的邪教分支。虽然佛教也存在很多学派和分支，但这些分支之间大体能彼此包容，不会水火不容。这也容易理解，不同的悟和不同的真理，当然是后者的排他性更强。作者没有用专门的章节来讨论西方文明的宗教问题，原因是：1、这是件费力不讨好的事；2、在特定的历史条件下，像专制不一定比民主坏的道理一样，无神宗教并不一定比有神宗教好；3、虽然作者认为在大的趋势上无神宗教将取代有神宗教，但那也是很远的未来的事情，那时人类整体悟的水平要比现在高得多。因此，在相对愚昧的今天，对神的问题还是点到为止比较好。

除了科学技术的进步，西方文明最引以自豪的成就恐怕就是它们称为民主体制的这个东西了。这样说似有不敬的意味，的确作者并不像西方政客那样把这个东西太当回事儿，虽然作者也承认民主体制在一定程度上解决了好皇帝和坏皇帝的问题，但仅此而已。对民主，作者与西方学者主要的认识区别在于，作者看重的是民主内涵的真正自组织程度，而西方学者更看重的是所谓制度本身。这是因为老子定律早就告诉我们任何一种制度都不可能一劳永逸地解决社会问题，即制度可制度，非恒制度。西方这种企图作者称之为永动机错误。在作者看来，西方现行的民主体制远不是实际意义上的民主，它只是一种很初级的民主形式，甚至更多的还只能算是一种专制，它与我们通常所说的专制的区别在于，这种专制是被动的专制，即它需要经过一定选举程序授权。在这种制度中，民众对社会治理的参与程度实际上并不高。不少西方学者也承认这一点，但他们通常认为那种更高程度的民众参与是难以实现的。说到根儿上，还是西方哲学思维在作怪，是他们认为可以通过预设一种制度来解决社会治理的主要问题。

可以这样说，西方文明所有的问题都与它的绝对思维方式相关，因此在第二编中，作者把主要火力放在了对现代主义绝对世界观的批判上，几乎在每一章每一节都设置了火力点，包括在那些重点为西方文明点赞的章节，组成了不同角度的立体交叉火力，以让现代主义无处藏身。作者不遗余力地与现代主义作斗争，是出于一种强烈的紧迫感，它基于这样一种趋势判断，人类对世界的基本认知处于一个大的转折点，即由西方文明的现代主义认知向中华文明的认知发生趋势性转变。作出这种判断的主要理由为：1、以前扮演现代主义坚定支持角色的科学技术，因为自身各领域在更高、更快、更精的追求中纷纷遇到了不确定性的挑战，逐渐转向为现代主义的怀疑者角色；2、在社会科学领域，单一主义越来越没有市场，普遍向多元主义发生转变；3、在现实生活中，极端主义的邪恶性被越来越多的普通百姓所认识；4、后现代主义的兴起，表明现代主义阵营内部已经产生了明显的分化；5、中华文明由于自身实力的提升，对世界的影响力日益增强。面对这一转折，中华文明最有可能是首要的受益者。但遗憾的是，中华文明自身并没有做好迎接这个历史转变的准备。具体表现为，在自知和知人问题上都还存在明显不足，向西方文明该学的还学得不够，不该学的却学了很多；对自己的文明该发扬的没有发扬出来，不该发扬的却发扬了不少。这也是激发作者写本书的主要动力。作者赞成有些学者提出的，中国的发展正处在历史机遇期的说法，虽然我们对机遇期的理解可能有所不同，但我们的目的应当具有如下共同点，那就是把握好这个机遇期，为我们的发展注入更加持久的前进动力。

第三编，走共同文明的发展道路的目的，当然是在做好"知人"与"自知"，也就是在弄明白西方文明的是与非和自己文明的优和劣的基础上，探讨如何实现"自强"。而要分析人类社会的两大文明体系，在长达数千年的历史进程中沉淀下来的问题，首先需要思考的就是我们原来用以评价文明的理论体系是不是存在重大缺陷，如果这一体系本身存在问题又未被发现和纠正，则自强当然也就无从谈起，甚至老病加错药，越治越病。

在第三编第一章我们专门花了两节的篇幅讨论了传统理论体系的缺陷和大科学理论体系的优势，重点介绍了大科学理论体系的光谱分析方法和大科学理论体系的核心组织定律。所谓组织定律是在世间所有事物都具有的系统属性的基础上,重新对老子定律进行的表述,使我们不仅能知其然,还能知其所以然。大科学理论体系和其研究方法无疑是中华文明实现自强的有力理论工具。借助这一工具,我们力求实现的自强,已经不同于传统意义上的自强,它不是简单地为了追求力量比别人更强,而是为了使中华文明的发展更健康。在我们自强的同时,希望其他文明也能实现自强,因为当其他文明的发展也更加健康了,人类的整体治理环境自然会更好,更友善,对我们自己也就更为有利。作者将这种观念称为智慧的利己,即既利他也利己,利他和利己的有机结合。在这个问题上,中华文明是跌过跟头的,将利他与利己割裂,片面地强调利他克己,结果呢,使得利他的种种"说教"不能在广大民众中间普及和深入。同样西方文明也跌过跟头,只是摔倒的方向不同而已,西方文明是片面地强调利己的作用。因此,中华文明与西方文明应当互帮互学,取长补短,共同实现文明的进步。

说到进步就存在一个方向和目标的问题,此前中华文明与西方文明在这个问题上是有根本分歧的,中华文明认为社会问题没有终解,这里有这样几层意思:1、虽然每个文明的发展趋势都体现为对善的追求,但各个文明并没有必然的统一归宿,即西方哲学所理解的那种大同或至善;2、每个文明都有自身急迫所要解决的问题,这是由各自的发展环境和发展条件所决定的,也就是说不同的文明选择的治理方向是不同的,而西方文明常常罔顾具体条件和发展阶段的不同,认为不同文明的发展应当有共同的方向;3、社会的治理从根本上说是道与魔比速度,比力量,比智慧的过程。魔随时随处都有可能产生,因此道随时随处都面临新的挑战;4、道与魔都具有两面性,道非纯道,魔非纯魔,你中有我,我中有你,因此两者的斗争是全方位的。

悲观吗?是,在这个问题上适度的悲观比盲目的乐观要清醒得多;也不是,因为只有看到问题的根本所在,才能更好地面对问题,减缓问题。其实我们也没有必要过多地忧虑未来，只要我们对人类的整体智慧有信心，我们就应当对未来有信心。对于未来，在一个问题上不同的文明应当、也可以实现大同，那就是对世界的基本认识，俗称世界观，当然这个大同是指中华文明的世界观，而不是西方文明的世界观。在这个大同下，所有的善都被包容，只有世界上最大的恶被排除在外，那就是绝对。

为实现这个大同，中华文明可能要肩负起更多的责任，即普及中华文明世界观的责任。与西方文明向其他文明推销自己的价值体系过程不一样，中华文明宣传自身世界观的过程是一个追求共同利益的过程，是既利自己也利他人，他人不获益，自己也不能获益，他人获益越多，自己也才能获益更多的过程。显然，这明显区别于当今西方文明展示所谓软实力的过程，利己害他，得便宜还卖乖。要说作者对西方文明一点成见没有，那并不客观，但作者真正反感的是其思维方式。当行为人自以为利益、道德、善、恶都有真理时，这样的事情就会堂而皇之地自然出现，当着"婊子"，还要立贞节牌坊，特别是对那些靠这种技能混饭吃的政客来说，长期训练出来的高超演技往往还真能骗取大量的"粉丝"，自以为得计，实际上既害人也害己。举个典型的例子。民主可以说是西方政客展现软实力最常用的辞藻之一，在他们的意识里民主和专制是代表善恶截然不同的概念，而他们自己则是民主当然的代言人和裁判者。这些政客会根据与自身利益的轻重缓急随时以推进民主为幌子干涉其他国家的内部事务，甚至发起颜色革命将不顺眼的政权推翻，至于结果如何，是否引发这些国家的内战，是否导致大量的流血牺牲和人道主义灾难，则是另一回事。当然，我们不排除部分政治家在这中间具有理性的思考，出于善的愿望，但我们更不能排除有相当一部分政客打心里就希望把这些国家搞乱，以便从中渔利。与之相反，在中华文明世界观看来，所谓专制和民主问题不是一个绝对的是非问题，在社会治理问题上没有绝对的专制和绝对的民主，每一个国家都应当根据自身的发展水平探索适合的专制和民主或曰他组织和自组织的程度。虽然，我们不排除有些国家在实践中存在明显不合理的过度专制现象，但裁判权也应掌握在这些国家的人民手里，外部势力可以进行善意的提醒，但应尽量少地直接介入。否则难逃浑水摸鱼之嫌。

在中华文明世界观铺垫的道路上，中华文明和西方文明将在相当长的一段时间里经历一个相互学习，扬长避短的过程。显然这是一个相向而不是对立的过程。虽然两个文明最终不会合二为一，仍将各自保留自己的个性，有不同的利益需求和取向，继续创造不同的文化和生活方式，但它们将拥有共同的认知基础，更少的意识形态上的对立和冲突，更有利产生和谐的思维环境。至于再远一些的人类社会未来，我们虽然不能给出任何具体确切的预测，但我们有理由比现在更为乐观，因为那时，人类社会少了两个携带有致残基因的文明体系，多了两个相对健全的文明体系。因此我们的后代比起我们将有更大的健康几率。

虽然本书讨论的主要内容涉及了人类文明几乎所有最核心的部分，从中华文明道的精髓、禅的思想、中庸的境界，到西方文明哲学的实质、神的灵魂、主义的玄异，无一不是困扰了中外学者成百上千年的课题。作者之所以敢在一本书中同时向这些重大课题发起挑战，当然不是因为作者比前辈们更加聪明，而是因为作者巧借了一只特殊的"梯子"，这只梯子的一半是中华文明的"左肩"，另一半是西方文明的"右肩"，因此才得以使书中的观点站得更高，看得更广。可以这样说，本书所有主要观点都是前人曾提出过的，但所有这些观点又都经过作者的再次"调味"，赋予了新的认知。

本书的话题虽然都很严肃，但通过借助大量生活化的例子，使用尽量通俗易懂的语言，再配合一些经过巧妙设计的"灯光道具"，作者力求使读者阅读起来轻松有趣。凡作者大概都希望能吸引很多的读者来读自己的作品，本作者当然也不例外，写了一个很大的话题，期盼吸引多多的读者来读，至于目的，自然是出于一种利己与社会依赖相互纠结的本能，这中间当然也少不了包含着每个人都有的那种情感，即希望我们的后代将来能生活得更好一些。

上 编

中华文明优劣辨

第一章

用现代语言把儒释道讲清楚

第一节 老子有定律

这里我们刻意地将老子与道教区分开，是因为老子是一个哲学家，他的主要著作《老子》代表了中华哲学思想的精华，与偏重于政治领域的儒家学说和精神领域的佛教文化共同构筑了中华文明的三大基石。这与通常所说的儒释道概念是有区别的，通常讲的"儒释道"中道一般被理解为道教的道。后来道教中的不少道士借用了老子"道"和"无"理论的所谓玄学色彩，并结合了古代巫术的技巧，发展出了一套驱神弄鬼的术，使不少人认为老子就是这种"术"的祖宗，这是一种误解。实际上恰恰相反老子的哲学思想是不信邪的。本节作者就通过现代语言来破解"道"、"无"、"邪"这三个字，深入解析老子哲学思想的实质。

一、论道

　　我们先来讲"道"这个字。《老子》开篇第一句就是，"道可道，非恒道"。老子并没有先解释什么是道，而是先说出了道的本质特征，即道具有这样的特点：只要你能做出来或者表达出来的就都不是永恒的或者说是完美的。这里我们也先不解释道是什么，而来寻找具有这一特点的东西，如果具有这一特点的东西具有普遍的代表性，那么道是什么这个问题也就迎刃而解了。道理很简单，这个东西就是道。我们现在就来找这样的例子，一个容易首先想到的例子就是"美"，美是我们每一个人都有的感觉，这里需要思考的是：我们能不能做出一个东西，或者使用什么语言将所有的美包含在其中呢？

　　我们会很快发现这是做不到的，因为不管我们怎么努力，都会发现有其他的美在我们的"包围圈"之外。我们一下子就找到了一个与老子所说"道"的特点相吻合的东西——美。那是不是说"道"就指的是美这个概念呢？显然还不能这样说，因为我们还没有证明美是唯一具有这一特点的概念。我们再随便想一个例子，由"道"这个字，我们很容易联想到人生道路的选择问题，即我们能不能找到一个或一组选择使自己的人生之路完美呢？凡活过来的人都早就知道这是不可能的，即便你设计天天遇到"天上掉馅饼"的事，你也不可能得到完美的结果，因为在有限的时间里能够享受的东西实在是太多了。因此人生道路的选择问题也符合老子"道"的特点。到这里就出现了一个问题，即美和人生道路的选择这两个东西都符合老子关于"道"的特点的描述，那到底哪一个是老子所说的"道"呢？而且我们不能再找下去了，因为现在是两选一的问题，找下去很可能变成多选一的问题，使答案更复杂。到这里应当转变一下我们的思路，即从相反的方向去试图找出一个不符合"道"的特点的东西。你尽管可以随时去找，但作者奉劝你别在这个问题上花费太多的时间，因为在你之前，古今中外无数哲人都尝试过，但都没有找到。作者还可以告诉你，只有一个东西可以是完美的，但却是做不到的，那就是数学意义上的点。

至此，我们就可以来回答"道"是什么这个问题了。老子所说的"道"并不特指某一个东西，老子只是借"道"这个字来揭示所有事物普遍遵循的一个规律，即任何事物都不可能做到完美。很有些注释《老子》的人在试图完美地解释所谓"道"的真正含义，但都没有成功。原因很简单：即他们想做的事情正是"道"所反对的事情，如果我们能够完整地解释道是什么，那么此道也就非老子所说之"道"了。其实，在这里"道"是什么并不关键，关键的是老子通过"道"所讲出的事物规律性。当我们在研究美学的时候，我们可以将"美"这个概念当作"道"，并联想到老子所说的规律，得出："美可美，非恒美"，即我们可以追求美，但不可能做到完美的结论。当我们在做人生道路的选择时，也可把路与道联系起来，得出结论："路可路，非恒路"，即我们可以追求不同的人生道路，但不管你如何选择都不可能是完美的。这并不意味我们就要消极对待人生，因为你不做积极的选择则意味着你做消极选择，而是提醒我们做任何事情都不要走极端，极端才是真正的错误。

我们可以参照西方人的习惯将老子所揭示的事物普遍规律表述为**老子定律：任何事情都不可能做到完美，任何概念都不可能表述完整**。对这个定律一定会有不少人表示反对，如反对的理由一：你举的"美"和"人生道路选择"的例子还比较好理解，但你怎么解释数学中的等式和物理学中的经典定律呢？它们不是很完美吗？的确数学中的等式表面上是很完美，那些等式也是成立的，但是这种完美是建立在假定了数学点和数字的绝对存在基础上的，在实际中是不存在的，或不是绝对存在的。当我们用这些等式去指导实践时总会产生偏差。同样物理学中的等式也是在一系列假定的基础上产生的，它们与实际也是存在偏差的，至于物理学中力、能量、质量这些概念也不是完整的。关于这点我们还将在本书第二编，在涉及到自然科学的讨论中具体谈及。反对的理由二，既然你说什么事都不能做到完美，那么你将老子阐述的规律用定律的形式来表达不正是一种完美吗？其实这是一个哲学悖论，如果我们问：世界存在绝对真理吗？显然答案只有两个，存在与不存在。如果我们回答不存在，那就要面临这样的窘境，即"世界不存在绝对真理"这句话本身是不是绝对真理的问题。这里要看我们是怎么理解所谓的绝对真理，按照作者的理解：绝对真理是一种到头了，不可能再发展了的东西；或者说由它可以对你的行为产生绝对准确指引的东西。显然老子定律不是这样的东西。借对这个反对理由的回答，我们可以得出结论，老子所代表的中华主流哲学思想是否定存在绝对真理的。

公允地说，西方文明史中也有与老子类似的思想，如古希腊哲学家普罗泰哥拉（Protagoras,公元前485—410），也否定绝对真理的存在，仅比老子晚了一百年左右。但他却因为过于强调真理的主观性，陷入了所谓相对主义怪圈，因此在哲学思想上并无大成。而达到，或超过老子哲学成就的西方哲学家要数奥地利人恩斯特·马赫了(Enst Mach,1838年2月18日—1916年2月19日），这比老子要晚了2500年左右。而且，这个西方的老子定律非但未被西方主流价值体系所接受，还被扣上了唯心主义的大帽子加以批判。由此可见中华文明与西方文明的差异始于哲学这个根子上，在西方哲学家眼里，老子的哲学思想被视为玄学。在这里作者以为必须要与西方学者理论一下。说玄学我们不能不首先提到一个人：王弼（226年—249年），字辅嗣，三国时代魏国山阳郡人。王弼虽只活到24岁，但在学术上却颇有成就。王弼曾为《老子》和《周易》撰写注解，他的注至今仍被后人奉为权威。王弼可谓深谙老子定律，他与老子的关系在作者看来仿如达尔文与赫胥黎的关系，老子创建了老子定律，王弼则倾全力加以推广普及。在当时的认知条件下，传播老子定律的难度是可想而知的，但面对各种各样的疑问王弼都能以雄辩加以回答。对手虽每每处于下风，但也难以完全信服，毕竟要改变一个人对世界的根本看法本身就是一件非常困难的事情，而且在当时的科学技术条件下要将"眼见为实"的事物视为不完美则更是难上加难。因此，王弼就与其他一些传播老子定律的人如何晏、夏侯玄、郭象等人一起被人称为了玄学家。必须指出的是，作者所讲的玄学侧重于古人对世界观的思考，而非后人所理解的超自然现象。其实在作者看来，玄学之玄，主要还是受众茅塞不开的缘故。当然我们也应该承认，老子的哲学思想也有其不成熟的一面，即虚而不实，客观上也容易给人带来诡辩论"玄"的感觉。这是我们以后将要讨论的话题。但不管怎么说，由老子贡献的老子定律在今天看来仍然是普遍适用的定律，西方人如果不服，不妨找出一个特例来否定它。如果找不出来，你就要敬畏它！

二、解"无"

前面我们虽然讲解了老子对事物普遍规律的看法，并以老子定律的形式加以了总结，但那还不能说就是老子的世界观，因为所谓世界观的一个首要任务就是要回答我们今天所看到的一切是怎么来的，又将去向何方这个问题。

老子在两个重要的地方使用了"无"字：一处是在回答万物是如何生成这个问题时用的，叫作"有生于无"，注意可千万别联想到成语无中生有，彼"无"可不是此无；另一处是在讲道德伦理时用的，曰"无为而治"。显然，搞清楚这两个"无"字对理解老子的哲学思想有关键意义。

但作者所说的搞清楚并非通常人们理解的准确把握老子的原意，因为那种理解本身就违背了老子定律，也是不存在的。作者所说的搞清楚是指，在老子哲学体系内找到对"无"的合理解释，也许这个解释本身对老子的思想还有所发展，这才是做学问人应有的态度。

《辞海》对"无"的解释有下述几种：不存在；哲学范畴，与"有"相对；不；通"毋"，不要；不论；同"否"；未；非；作语助，无义等。显然在这几种解释中，我们应当更倾向于："哲学范畴，与'有'"相对的这个解释。而且，老子在前述第一个使用"无"字的场合也大都与"有"伴随，《老子·四十章》讲"天下之物生于有，有生于无"。但是在这里提到哲学概念时，我们务必要将其与西方哲学概念相区别，因为老子的哲学概念是受老子定律制约的："有可有，非恒有"、"无可无，非恒无"。即它们都不是绝对的概念，或者说不是完美的概念。言外之意，"有"并不是绝对的有，"无"也不是绝对的无，它们在内涵上是可以交合的。而西方哲学的概念，往往都包含概念之间的绝对差异，即物质可以是完美的物质，精神可以是完美的精神，两者间是有绝对界限的；又如主观与客观，存在与意识，有与无之间也是有绝对界限的。这里我们通过举一个例子来详细解释中华和西方哲学思想在这个问题上的不同认识：我们知道生命和非生命是一对相对的概念。西方主流哲学思想认为，生命与非生命是完全相对的，即生命就是生命，非生命就是非生命，两者之间没有交集。而老子则认为生命与非生命都不是绝对的，它们的边界都是模糊的，并且具有交集，如此非生命才能在一定条件下转化为生命，如果它们都是绝对的概念，那么它们是不能相互转化的。

因此，我们在读《老子》时不能简单地将"无"理解为根本不存在，同样不能简单地将"有"理解为确切无疑的存在。反过来说：我们可以将"有"视为"无"的一种存在方式；同样，我们也可以将"无"视为"有"

的一种状态。当我们这样去理解时,"无"就好解释了:所谓的"无",并不是真无,而是我们无法感知其确切形态的,当然也无从叫出它的名字的一种存在,故老子称之为"无名",即《老子·第一章》所说"无名,万物之始;有名,万物之母"中的"无名"。应当注意的是,有的学者将"无"解释为尚未被感知的存在,这是有些偏颇的。因为在没有显微镜的时代,物体的微结构虽尚未被感知但仍然属于"有"的范畴。在科学技术很不发达的2500多年前,老子能得出这样的认识,实在伟大呀!

其实,今天借助先进的科学技术我们已经知道,世间所有我们能看到的物体都不是绝对确定的,因为通过电子显微镜我们发现围绕原子旋转的电子的行动轨迹是不确定的。电场、磁场虽然我们能感受到它们的存在,却是我们看不到的。光虽然直线传播,但却同时表现出波的特性。总之,物体作为一种存在,它们同时还表现出不确定性。因此,借助今天的科学认知,我们可以进一步将老子的"无"解释为事物的不确定存在方式,进而将老子的世界观理解为:**世间万物都存在确定性与不确定性,确定性生于不确定性,不确定性中又包含有确定性,两者都不是绝对的。**用这个理解,我们可以将老子的"无名,万物之始;有名,万物之母"这句话解释为:事物的不确定性是万物的父亲,而事物的确定性是万物的母亲,它们共同创造了世界。当然这个世界观的功劳并不全是老子的,因为它已经比老子的认识自觉了许多。主要表现在:这个世界观在承认没有绝对真理的同时,仍然肯定了确定性的存在和积极作为的空间,是虚、实并重的世界观。这点在下面我们分析"无为而治"之"无"时,读者可以更深入地加以体会。

"无为而治"可以说老子的政治哲学思想核心。在前面分析的基础上,我们理解"无"字就容易得多了。这里"无"的含义应当是虚与不确定性的意思,即好的统治者不应当按照自己的意愿来治理国家,而应当充分地让人民按照他们的意愿自己来选择生活方式,如此天下将大治。但"无为而治"并不是根本不去作为，而是不确定地去作为，将权力虚位以待，当社会出现不可调和的矛盾时随时站出来化解矛盾，为人民提供一个稳定的社会环境，《老子·三十七章》称之为："道恒无为，而无不为"。从现代的观点看，这正是自由主义梦寐以求的状态，也与市场经济的思想不谋而合。我们千万不要以为"无为"是对统治者一个很低的要求，恰恰相反，老子认为"无为"是对统治者一种极高的道德要求。如《老子·四十九章》所说，需做到"圣人恒无心，以百姓心为心"才能做到"无为"。

老子"无为而治"的思想是源于他的世界观的，这中间也自然包含了他的世界观中的消极成份，即强调"无"过了头，认识"有"则不足。《老子·六十四章》的一句话很能说明这个问题："为者败之，执者失之。是以圣人无为故无敌，无执故无失"。这句话意译过来是："由于世界不存在完美，所以只要是做就含有失败的成份，只要去追求某一个成果就会失去其他的成果。因此，最聪明的人选择尽量少地去做故而能尽可能地减少失败，同时尽量少地去具体追求某一个明确的目标，故而能最大限度地减少损失"。显然，这句话具有明显的消极意味。究其原因，是所谓的"无为而治"本身也违背了老子定律，把"无为"想像得太完美了，要知道"无可无，非恒无"呀！

三、释"邪"

最后我们来讨论一下"邪"字。其实在前面讨论的基础上，解析"邪"字已经是水到渠成的事情了，即"邪"就是绝对真理。我们说老子不信"邪"，就是指老子不承认绝对真理的哲学思想。这在实际生活中是每每得到印证的，一个主义在正常的区间内往往都具有一定的积极意义，但一旦走向了极端就会变得邪起来。天主教会的宗教裁判所烧死认为地球是球状体的意大利天文学家采科·达斯科里、烧死宣传日心说的意大利哲学家布鲁诺；纳粹屠杀六百万犹太人；在世界各地制造恐暴事件的极端主义分子；声称能准确预测世界末日的邪教等等，不都是这种"邪"的表现吗。

以老子为代表、不信"邪"的中华哲学思想，以儒家为代表、讲"中庸"的政治思想，以佛教为代表、不"造神"的宗教思想，这三条主要脉络，共同造就了中华文明性格的一个最显著特征，就是不承认绝对真理，不信这个邪。这不也是中华民族具有讲社会和谐，爱好和平传统的最强有力的注解吗？

第二节 佛教不造神

即便在中国这个以佛教为主要宗教的国家，很多人也并不知道佛教从本质上说是没有传统意义上神的一种宗教。其中不少人直接把在各地寺庙供奉的释迦摩尼当作了佛教的神，其实这是一种重大的误解。有人会说，把释迦摩尼塑造成金身雕像加以供奉，信众顶礼膜拜祈求赐福，难道不是敬神的现象吗？这个问题要从两个方面来回答：

一、我们说释迦摩尼并不是其他有神宗教中神的化身，虽然他开启了佛教，他在菩提树下冥思苦想的目的也是为了寻找能够使人摆脱苦难的真谛，即真理。但是由他和他之后的众佛得出的教义都不是绝对的信条，即并没有告诉信徒必须如何如何，或者具体做某一件事必然产生什么样的结果。他的教义只是告诉人们怎样做有利于摆脱对"苦难"的烦恼，但并没有告诉人们必然的方法。或者干脆点说，佛祖冥思苦想的结果并没有找到他原来想追求的那种"真理"，但却悟到了事物所遵从的普遍规律性，虽然由这种规律性我们能够得出一些认知"苦难"和减少"苦难"可行的方法，却得不出彻底解除"苦难"的绝对办法，但这恰恰就是真理的本来面貌。因此，我们说佛并不是神，而是对人生种种困惑有大觉悟的人。

二、有神与没有神并不是一个绝对的概念。即我们不能绝对地说一种宗教完全没有神的影子，当然佛教也不例外，如佛教寺庙中的千手千眼观音像就不能说完全没有神的意味。因此，我们应该这样说才对，即佛教"神"的程度很低。这里有一个简便的判别方法：看一个宗教"神"的程度，主要看它的教义和戒律的严苛程度。凡宗教都有教义和戒律，教义为该宗教对世界的基本认知，戒律为根据教义对教徒提出的具体行为要求。我们将宗教的教义和戒律大致分三类，根据神性由强到弱的顺序，分别用三个字来代表，即："尊"、"牧"、"悟"。所谓"尊"是指：教义非常明确，信徒只有遵守的义务，基本没有自由发挥的空间；戒律也非常严苛，甚至具有某些司法功能。伊斯兰教大致属于"尊"的宗教。所谓"牧"是指：教义虽明确、具体，但信徒有一定的理解上的弹性空间；戒律重劝引，轻处罚。现今的基督教是典型的"牧"宗教。所谓"悟"是指：教义只有大的，不是很明确的指导性内容，信众有非常大的想像空间，可以较为自由地进行仁者见仁智者见智的讨论；戒律也相对宽松，主要靠自觉来执行。佛教就属于这种"悟"型宗教。显然，"尊"型宗教的神性最强，"牧"型次之，而"悟"型最弱。

在这里必须强调的一点是，我们同样不能简单地用神性的强弱来作为一个宗教好坏的判定标准，这就像我们不能简单地用专制与民主来作为一个政权的好坏一样，我们不能因为佛教比基督教"民主"就说佛教是好宗教，而基督教是坏宗教。因为好与坏、专制与民主都不是绝对的概念。通常能够长时间流传下来，并能在民众中大面积普及的宗教，其教义大都含有向善的积极内容，也能够与世俗道德观相容交汇，它们客观上都扮演着难以替代的社会治理角色。作者将宗教在社会治理过程中扮演的角色称为：人的精神领域的组织者。如当今世界三大主要宗教：佛教、基督教、伊斯兰教都是这样的宗教。

虽然我们不能简单地用坏与好来评价一种宗教，但这并不等于在宗教问题上我们就没有是非观念，完全没有是非观念是在另一个方向上走向了极端。在一般情况下，我们可以通过观察宗教教义的绝对程度来进行是非评判，即不管哪种宗教，当它的教义越绝对，产生的危害或负作用就可能越大。具体地，我们可以用该教义与世俗道德观是否对立、对立的程度来判断。在现实生活中，鼓励恐怖主义的极端宗教思想和残害生命的邪教就是这样的例子。以追求善为目的的神，只有当它走向极端时害的成份才会更大一些，越极端就越有害。而通常在一定的合理空间，神是友善的，也可以产生积极的社会影响力。但这里我们也不得不说，借用神来表达善毕竟存在其自身难以避免的重大缺陷，如果有其他更好的办法，为什么不取而代之呢。

我们前面说的判别神性的标准都是表观的，要真正认识一种宗教的神性还必须从它的最基本教义，也就是世界观入手。

在人类文明的早期，宗教与哲学并没有今天这样的分工，那时人们崇拜从太阳到火几乎所有他们认为神奇的事物，这种崇拜既是宗教的起源也是哲学的起源，同时也是神的起源。随着人类认识水平的提高，探索世界和人的精神深层本源的意识开始产生，哲学与宗教相应出现了分工，伴随这一过程神由多神向单一神演化，神性也从更多的迷信色彩向更多的理性色彩发生转变。由此可见，一种宗教有没有神是由它的世界观所决定的，即如果它认为这个世界存在一个绝对真理的话，它就是有神的，否则就是无神的。神可以穿不同的衣服，操持不同的语言，有不同的长相和不同的经历，但它们的本质都是一个，即代表绝对真理。下面我们就具体来讨论佛教的世界观或更准确地说主流佛教的世界观（因为一些佛教支流的世界观与主流世界观有着根本不同），从而进一步分析佛教为什么没有神。

除专讲戒律的律经多数佛教主要经典都涉及到世界观问题，由于佛教的各种分支众多，一一讲解将占用太多篇幅，而且各种观点相似性较高读者可以举一反三，因此作者仅选择了具有中华特色的大乘佛教加以介绍。所谓大乘佛教是相对于小乘佛教而言的，两者的区别在于大乘佛教倡导普渡众生，而小乘佛教则偏重于个人自修。为了更好地做到普渡众生，大乘佛教就必须在理论体系上更完整，更能自洽，如此才能对大众更有说服力。

作者要做的工作，即解释佛教的世界观，并用现代人容易懂的语言将它表述出来，是一件非常艰巨的任务。这不仅要将古代众高僧的智慧和现代哲人的智慧融合起来，还要跨越不同语言和历史文化背景之间巨大的差异。虽然最后的结论可能就是一句话，但这句话既要保留众佛的"原创"痕迹，以尊重历史，又要有所突破，将现代知识运用进去，以展现出时代的进步，其困难可想而知。

在谈佛教的世界观问题前，作者想先谈一件二十多年前的往事。1989年作者参与接待了台湾密宗黑教大师林云，林云大师随行的一名弟子曾送给作者一本关于宗教的书，该书有一句话大意是：宗教与科学的关系如盲人摸象，宗教摸到了世界这只"大象"的一条腿，而科学摸到了另一条腿。这句话给作者的印象非常深刻，后来时间久了，书名和作者名都忘了，但这句话却始终没有忘（可惜该书后来不知被哪位仁兄顺走了，故不能在此详注，谨向原作者致歉。作者注）。自那以后，不管是在日常生活中，还是在治学中，每每遇到宗教问题时，作者都会回味一下这句似是而非的话，并把是否能破解这句话作为今后是否有资格在宗教问题上著书立说的一把尺子。当然，今天既在这里谈到了严肃的佛教问题就表明作者自以为已经具备了这样的资格，并欢迎读者拿上面那把"尺子"来进行衡量。

佛祖当年悟得的四谛（真理）：苦谛（对世间苦的概括）、因谛（对苦的原因概括）、灭谛（对预防苦的概括）、道谛（对去苦方法的概括）所讲述的道理都是由缘起理论推演而来的，所以缘起论可以说是佛教教义的理论基础，或者说是佛教的世界观。这个世界观简单地说就是一句话：**世间一切事物都是由一定的原因，依一定的条件产生的。**就这么简单？作者相信会有相当多的读者产生出这样的疑惑。

的确就这么简单，因为既然是世界观，是事物普遍遵从的规律，它就应当是简单的。但是当作者抽丝剥茧般地讲解出佛们从这句话中悟出的一层层道理后，那些持这种疑惑的读者就会感觉到佛的伟大了。

我们首先对这句话做一些字面解释："世间"是指广义的宇宙，所谓广义宇宙是相对当今自然科学中的"大爆炸"理论而言的，即包括大爆炸以前的我们尚不知的事物。"一切事物"是指你能想到的所有东西，既包括有生命的和没有生命的实体物质，还包括所有这些物质的活动，思想作为一种生命活动当然也包括在内。"原因"是指，直接推动某一事物产生的其他事物，如种子是植物产生的直接原因。"条件"是指，间接影响某一事物产生的其他事物，如环境的温度、湿度等是种子能否产生出植物的条件。当然这里所谓原因和条件也是相对而言的，并不能绝对地加以划分。

下面我们就来介绍佛们从这句话中悟出的主要的深层道理：

一、因果观。佛祖在解释事物缘起时是这样说的："若此有则彼有，若此生则彼生；若此无则彼无，若此灭则彼灭"[1]。这里实际上讲了两种因果关系：第一种称为异质的因果关系；第二种称为同质的因果关系。所谓异质因果关系指，由因产生的果发生了存在形态上的改变或产生出新的存在形态。如：由种子产生了植物属于前者；母亲生了儿子，则属于后者。在异质因果关系中，没有因就没有果，有因的存在才可能有果的存在，故曰"若此有则彼有，若此生则彼生"。所谓同质因果关系指，在关系中当事方互为因果，如在夫妻关系中，妻因夫称为妻，同时夫因妻称为夫，互为夫妻关系中的因果。同质的因果关系同生同灭，即"若此无则彼无，若此灭则彼灭"。如：结婚时夫、妻称谓同时产生；离婚时夫、妻称谓同时灭失。我们也可以这样去理解：<u>异质因果关系是发生在时间轴上的因果关系；同质因果关系是发生在空</u>

---

1. 《佛教常识答问》，赵朴初著，陕西师范大学出版社，2010年2月第二版，第40页

间坐标上的因果关系。

这里特别需要注意的一点是，因果关系并不是绝对的，佛教认为世间不存在绝对的因果关系，即所谓的"绝待"。种子并不是绝对地能产生植物，一对合适的男女也并不是一定就能结成夫妻，因果关系成立与否还要看有没有"缘"，即促成关系发生的各种条件具备与否，甚至在各种条件具备的情况下，也还要看有没有"缘分"，即存在一个偶然性的问题。一对看上去条件都很匹配，双方感觉也都近乎理想的恋人，可能就是因为某一次羞于表达而错失姻缘，这就是一种不确定性。

"无绝待"还有另一层含义：没有绝对一样的因，也没有绝对一样的果。如，同一对夫妻不可能生出绝对一样的孩子，因为夫妻的上一刻与此刻已经发生了变化，此时的夫妻这个因，已经不是彼刻那时的因了。无绝待是一个非常重要的佛教哲学思想，因为由这个认识可以引发出**对所谓自然科学中绝对证实的否定**，即佛教认为即便是通过精度很高的实验能够反复重复的结果也不是绝对一样的。当然，数学结果例外，因为数学结果是在假设了绝对的因的情况下才成立的。那么这种对绝对证实的否定是不是意味着佛教的因果观不对，是被自然科学否定呢？关于这个问题留待我们做了更多的理论铺垫后，在进行有关"无常"概念的讨论时顺带加以回答。

二、一元观。既然缘起论适用于世间一切事物包括"心"，即思想、意识、精神感受等现象，这就意味着缘起论是一元论。或者说缘起论认为世间所有事物的本质都是一样的。但必须说明佛教的一元论与西方现代主义哲学体系下的一元论又具有本质的不同，即缘起论是不承认绝对的物质与精神这种概念划分的。佛教在谈到这个问题时，有一个著名观点，叫作"色不异空，空不异色"[2]。这里"色"是指物质，<u>"空"是指人的精神要素</u>，如："受"指人的感觉、"想"指大脑对事物呈现

---

2. 同1，第69页

的印象、"行"指人的思维、"知"指人对事物的判断和推理等。这句话是说，人的身体这个"色"与其相互伴生的"空"，在缘起论面前的属性是一样的，并没有本质上的不同。

　　三、无始观。由缘起论我们知道，凡果有因。如果我们一直刨根问底地问下去，就自然会产生一个问题，即世间万物有没有一个最初始的原因？佛教认为是没有的，不仅没有最初始的"生"，也没有绝对的终止"死"。这个观点说明佛教是不承认所谓的创世主的。由此就会产生一个很容易引发争论的重大问题，即人作为一种生命体有没有死呢？对这个问题，佛教自然的回答是没有，或者说没有绝对的死。那么无法避免的接下来一个问题就是，人的表观生命结束后，非"死"的部分又是什么，将何去何从呢？在这里作者可以替佛教给出一个合乎其逻辑的解释：组成人体的物质始终都没有死，而是由一种生命的参与方式不断地转化为另一种生命的参与方式。其实生命作为一个概念本身就不是绝对的，用前面我们介绍的"无绝待"观点说，非生命并不是绝对的非生命，生命也不是绝对的生命，它们之间是没有绝对的界限的，否则非生命就不可能转化为生命。但是佛教作为一种想帮助人们解脱苦难的宗教，显然不愿意采取这种世俗化的回答方式。而是要选择能够对生命产生积极指引的方式，尽管这种回答会在科学性上有所损失。其实也正是在这些地方体现出了宗教与科学的不同，宗教的目的是追求人们向善，摆脱苦难，而科学追求的是对事物尽可能真的认识。话回原题，佛教对死的解释是：人的生死是一个因果循环过程，即所谓前世、今世、来世的循环过程。前世是今世的因，今世是前世的果；今世又是来世的因，来世是今世的果。生命的轮回并不是佛教首创，但佛教给予了新的解释。按照这个解释，就自然给予了佛教一个重要教义"善有善报，恶有恶报"有力的理论支持。如前所述，佛教的解释既有优点，也有缺点：优点是向善；缺点是损失了可信度。作者以为这是佛教需要进行现代改革的地方，由于佛教具有较好的科学基础，应当充分发挥自身的优势，没有必要在具体问题上顾此失彼，在徒曾了与科学的所谓对立的同时还为自己增加了没有必要的所谓迷信色彩。如果说在科学不发达的古代，佛教的这种做法并没有什么大碍的话，那么在科学已经大发展的今天，佛教仍然这样做可能就有大碍了，佛教也应该随时代发展而发展。

四、无常观。简单地讲，无常观是指世上一切事物没有永恒不变的存在形态。无常不仅包括我们通常理解的物体，而且还包括佛教具体的教义。前者称为"色"无常，后者称为"法"无常。无常观是由缘起论引申出来的，在佛教经典中表述为"性无常义"、"刹那灭义"，所谓"义"指意义。虽然一个人的生命有几十年之长，表面上生命在人的身体上驻留了几十年，但是在人一生中的每一刻，生命的形态都在变化，即在人生命中，任何两个瞬间的状态都是不一样的。每个瞬间之间都是有因果关联的，即一个人一生的大因果关系是由无数发生在瞬间的小因果关系相继而成的。我们在昨天和今天观察同一个人难以察觉变化，是因为我们的观察能力所限而已。

佛教的无常观可能会在学过一些自然科学知识的读者中间产生很大的疑问，而且如果作者说是他们的感觉错了，而不是佛教的无常观错了时，那些持有疑问的人一定会更吃惊。的确，无常观与自然科学中很多已经被当作常识的知识相违背，如绝对零度概念、光速是常数、普朗克常数，以及所有用等式表示的物理学、化学公式等等。不仅如此，甚至还与一些生活中的常识相违背，如水在零度结冰等。其实，自然科学中的常数与除数学以外的公式都是含有误差的，只不过这种误差在一定的条件下是感受不到的，因此可以忽略不计，也不影响这些常数和公式的实际运用。当今自然科学已经发现，在超出适用范围后，所有的经典物理公式都会产生偏差。这就好比我们在很远的地方看一座高山时，可以清晰地画出它的轮廓，而且从同样距离看这座高山，不同的人画出的轮廓近似度非常高。但是当我们走近高山时就会发现这条轮廓线与实际情况出入很大。这与科学公式在一定条件下可以重复，但在极端条件下又出现误差的道理是一样的。水在零度会结冰，在观察不是很仔细的时候的确如此。但是当我们离水分子"足够近"的时候就会发现水结冰的过程是非常复杂的，而且每次结冰的过程都具有非常大的区别，当我们离水分子"近"到一定程度后，甚至会发现我们如何定义结冰现象都困难了。同样的道理，当我们离光子足够近的时候，你会发现光子的速度、边界都是模糊和不确定的，那时你就会感觉光速是常数的认识是多么的荒谬了。我们这样说，并不是要彻底否定现代的科学成果，而是要帮助读者正确地理解这些成果，在肯定牛顿、爱因斯坦这些伟大科学家的贡献的同时，也要清楚他们的研究成果的局限性和适用条件，千万不要把这些成果视为绝对真理，否则的话科学又怎么进一步发展呢？

佛教的无常观不仅对自然科学具有积极的意义，而且也对社会科学具有积极的意义。当我们用无常观来看社会制度时，就很容易得出一个结论，即任何社会制度都不可能一劳永逸地解决所有的社会问题。美国有一个叫福山的日裔著名政治理论家曾提出了一个历史终结概念，他认为当全世界所有的国家都实行了西方现行制度后，人类的政治历史就终结了。其实他犯了一个重大错误，即违背了无常观，借用现代物理学的名词，我们将其称为"永动机"错误。

当然，我们也应当承认佛教自身对无常观的认识也是不成熟的，这表现在它的一些观点也违背了无常观。例如，佛教在解释生命无常时使用了人体所有细胞每十二年轮换一次的观点，显然这个观点是与它想解释的内容是矛盾的，既然无常适用于一切事物，你又怎么能确定细胞每十二年轮回一次呢，这不违反"法无常"的基本观点吗？

五、无逆观。在因果观中，我们提到过异质因果关系的概念。所谓"无逆观"是指，异质因果关系是不可逆的。如，母亲生孩子这个因果关系是不可能逆向发生的，即孩子反过来生母亲是不可能发生的。"无逆观"这个名字是作者起的，为的是与物理学类似观察相匹配。在佛教中所谓的"无逆观"被称为"无动作义"，既不容易记忆，也不便于理解。

由"无逆观"可以牵扯出一个现代物理学中的非常重要的概念，即"熵"。熵概念是德国物理学家克劳修斯于1850年提出的，用来表述热系统的状态。借助这一概念，克劳修斯将热力学第二定律表述为：孤立系统的熵恒大于等于零，即，$\triangle S \geqslant 0$，这里S代表该系统的熵。这个公式的意思是说：任何孤立系统都不能实现绝对的有序，熵的大小反映系统有序程度的高低，熵的数值在0和1之间，0表示绝对有序，1代表绝对无序。熵概念是一个非常重要的物理学概念，甚至有人将其与力和能量概念相提并论，而且随时间发展越来越多的科学家，不仅仅是物理学家，意识到熵的潜在价值，因为每当科学家们遇到高度不确定性的问题时，如混沌、湍流现象，熵都会鲜明地显露出来并困扰着他们。但是自克劳修斯提出熵概念后至今，尚没有人能成功地解释热力学第二定律成立的道理和熵的真实物理意义。这可以说是现代物理学的重大悬案。由熵概念引出的一个现象就是著名的"时间之矢"，也就是我们在这里所说的因果关系不可逆。读者可以借助一句话帮助记忆和理解所谓的因果关系不可逆和"时间之矢"的含义："建好的房子只会变旧，不会自动变新"。由此，你会发现不可逆现象在日常生活中无处不在！对为什么会如此，科学现在尚无法解释，但从佛教的世界观却可以给予一定程度上的合理解释，除了这里提到的"无逆观"外，从前面讨论的"无常观"也可以帮助我们理解"时间之矢"产生的原因。由于任何事物在时间坐标上的每一刻都是不一样的，因此凡已经出现的东西都不能绝对地再重复。不仅如此，我们还可以根据这个认识，修正热力学第二定律的缺陷，指出所谓的孤立系统是不可能存在的，而且没有孤立系统的限制，热力学第二定律也是成立的。进一步，我们还可以推而广之地说，**所有对某一绝对的否定都可以成为定律**！到这里就自然引发了与科学有关的其他问题，如经典物理学中的那些等式是不是一种绝对呢，是否也应当被批判呢？回答当然是肯定的，即那些等式其实应当是在一定条件下的约等式。但是我们的批判也不是绝对的否定，否则错的就是我们自己了，我们在批判的同时也必须承认像牛顿、爱因斯坦这样的科学家在研究具体问题时的伟大之处，即将事物在一定区间内表现出的高度确定性捕捉到，并以公式的形式表达出来。虽然这种所谓高度的确定性不是绝对的，但不妨碍它们在条件约束的范围内具有实用价值。

一定会有不少读者感到惊讶，在一些"科学"与佛教对峙的问题上，作者竟然站在了佛教一边，向"科学"讲科学道理，其实这也没什么可奇怪的，这正体现了世界观的意义。而且这种选边站队，对科学来说是好事，是促进，而不是反动。当读者今后在面对那些科学等式（当然数学等式除外，作者注）时，随时想着在等式上有一个点，只会促进你开拓思路，超越巨人深入进行研究，而不是被前人的伟大阻挡在原地止步不前，这难道不是为你的进步，乃至科学的进步，加大而不是减少可能吗？

讨论到这里，作者以为到了给出自己在二十多年前遇到的那个问题的答案的时候了。科学和佛教从各自的角度同在观察和研究这个世界，佛教的观察高瞻远瞩，科学的观察细致入微，可以说各有优劣。因此两者应当是互补的关系：科学可以从佛教的世界观中得到指引；而佛教可以从科学中获得具体支持。两者不仅不应当产生根本的对立，而且还可以做到相互扶持，共同健康发展。

读完这节，相信读者已经可以理解，为什么我们说佛教不造神了。道理很简单，因为佛教从自己的世界观上就否定神的存在。在前面讨论的基础上，我们可以进一步将佛教的世界观用世俗的语言表述为：世间一切事物都是确定性与不确定性共同的载体。事物的确定性都是瞬间展现的，而且这种瞬间展现的确定性与上一瞬间和下一瞬间的确定性具有因果关系，发生在前面的确定性是因，紧随其后的确定性是其果。这种因果关系在时间坐标中是无始无终的，并且是不能逆向发生的。除前面讨论到的五观外，我们从这个世界观还可以提炼出许多其他的道理，为节省篇幅在这里就不赘述了。

第三节 儒家讲中庸

与老子泛泛地论道不同，孔子更注重于具体地讲道，制定可行的道德规范。这可从老子的"不敢为天下先，故能为成器长"（《老子》第六十七章）和孔子的"先行其言而后从之"（《论语》，为政篇）鲜明对比中明显感受到。也与佛教重个人的精神修为不同，儒家更注重世俗社会的伦理道德建设。

我们首先要搞清楚，儒释道之间的这种不同不是源于对世界本质上的认识不同，而是基于社会分工的不同产生的。老子给出的是大的思想规范，即告诉我们在思考时什么是错的，他的结论就是所谓的老子定律——对完美的否定。老子定律否定的只是那些极端思想，即认为自己已经达至完美境界的思想，仅此而已。它否定的不是对美的永无止境的追求，恰恰相反它充分保护了这种追求。老子所欠缺的是在社会治理的实践中，为解决具体的社会问题给出可供选择的可行方法。而这正是儒家想做的事情，即给出社会治理的具体可行的方案。有人说老子克礼而孔子复礼是一种对立，其实并不能这样简单地视为对立，克礼与复礼之间只是实与虚的选择而已。老子看到了"礼可礼，非恒礼"的一面，而孔子看到了没有具体的社会行为规范，社会就会杂乱无章，人民就不能安居乐业的一面。两者从各自的角度说都有积极的意义，但都不能偏废。因此，在一个社会的治理过程中不同的文化主线扮演着不同的组织角色，它们虽有功能的重叠和交叉，但也不能完全相互取代。儒家与佛教之间的关系也属于这种分工的不同，儒家是站在世俗的角度谈社会行为的向善，而佛教是站在人的精神角度看人的行为向善。或用通俗的话说，前者是制度文明建设，后者是精神文明建设。虽然不同角色之间难免有冲突，甚至会发生诸如"会昌法难"

这样的剧烈斗争，但从整个历史长河来看，儒释道还是同台演出了中华文明这台大戏，虽然每个角色都有瑕疵，但能演下来就说明这三个主角的配合还算默契。这反映出儒释道在根本的世界观问题上还是基本一致的，相互间合作大于分歧。前两节我们已经分析了"道"和"释"的一致性，在本节我们将分析"儒"与"道"、"释"的一致性。

《论语》的思想基础是什么，又为什么说一部《论语》可以治天下呢？对这两个问题，特别是第一个问题，相信即便是深受其影响的大多数中国人也回答不好。这也不足为怪，因为《论语》本质上属于形而下的理论体系，它自己也未直接回答这类形而上的问题。

在本节作者就借回答这两个问题来剖析孔子的政治理论体系的思想根源，进而论述我们此前所说的，儒家与"道"和"释"思想体系的一致性。

我们先直接回答第一个问题，再随后讨论理由。作者以为《论语》的思想基础是中庸。何为中庸，为什么要中庸？孔子并没有直接加以回答，是后来由他的子嗣子思在《中庸》中替他做了间接的解答。子思在《中庸》中是这样解释中庸含义的："喜怒哀乐之未发谓之中，发而皆中节谓之和。中也者，天下之大本也；和也者，天下之达道也。致中和，天地位焉，万物育焉。"用白话翻译过来是说："遇到事情不持先入为主的成见称为中，发表意见时观点适度称为和。这个'中'，应当是所有人对认知秉持的理念；而'和'，则应当是大家遵循的原则。若人人都实现了'中与和'的状态，那我们的社会就有秩序了，老百姓也就安居乐业了"。同样是在《中庸》中，孔子说："中庸其至矣乎！"（《中庸》第三章），此句孔子将中庸视为最高的德的境界，足以说明孔子的世界观是一种称为"中庸"的东西。接下来的一个问题自然是中庸的立足点又是什么或者说中庸之所以能够中庸的基础是什么？不幸的是孔子一生的兴趣点始终是世俗社会的治理，并未深究这个问题，因此只有靠我们自己来帮他进行分析。从子思对中庸的解释看，中庸应当是一种不承认绝对真理的世界观。因为，凡认为世界存在绝对真理的人不会认可中庸作为自己的理论基础，而是会不惜余力地推行被自己视为真理的理论。而且这种理论往往会从对世界基本认知的起点上，通过一整套合乎自身逻辑的理论框架构筑起来，典型的像西方现代的自由主义理论体系。显然，孔子的理论体系不是这种，他的理论始终遵循应然的逻辑，而不是必然的逻辑。如：孔子说："道其不行矣夫"（《中庸》第五章），表明他并不认为中庸是必然可以获得的德行，也不认为有必然的逻辑可以推行它。或者用现代的语言说中庸是一种价值观，但不是也不可能是绝对的价值观。孔子进一步认为，中庸之所以是一种高等级的德行，是因为它能够避免各种极端思想和行为："君子，中庸；小人，反中庸。君子之中庸也，君子而时中。小人之中庸也，小人而无忌惮也。"（《中庸》第二章）意思是：君子能够意识到中庸的重要性，而小人则没有这种意识。君子因为有中庸的意识，所以君子做事适度不过激；小人因为没有中庸的意识，所以小人做事无所顾忌，行为极端（注意：后句话"小人之中庸也"中的中庸特指前句"小人，反中庸"作者注）。可见孔子主张中庸是因为它可以避免各种极端行为，这也印证了我们前面的观点，即孔子对绝对真理是持否定态度的。正因为孔子有强烈的中庸意识，并以此来身体力行，才被后人奉为"温、良、恭、俭、让"的楷模。

在《论语》为政篇中，孔子曾说过一句至今仍被我们当作成语经常引用的话："吾十有五而志于学，三十而立，四十而不惑，五十而知天命，六十而耳顺，七十二从心所欲不逾距。"翻译过来为：我十五岁立志于学习，三十岁能做到独立研修，四十岁能做到享受其中，五十岁能做到发现其中的规律，六十岁能做到从各种不同意见中汲取营养，到现在七十二岁已能自觉地运用所掌握的知识，不会犯太大的错误了。这段话可以说是孔子对自己一生做学问的总结，具有高度的概括性。他之所以用"耳顺"作为一种大成状态的表述，也充分表明他的世界观是不接受绝对真理的，因为凡绝对真理必对其他观点持顺我者昌逆我者亡的态度。对一个持有绝对真理观的大学者来说，当他到六十岁学业大成时一定有一种"一览众山小"的感觉，他可以批评其他人，而其他人没有资格批判他。显然要做到"耳顺"则必须秉持中庸的世界观才可为之。正所谓"三人行必有我师"，思想是没有完美的，贵在不断地吸收养分，不断地开拓思路，在这点上"中庸"与"道"和"悟"是高度一致的。

必须指出的是在后来儒家学说的发展过程中有一些诸如君权神授的思想参合了进来，但那都是些"杂音"并不是孔子本身的思想，也与其理论体系相矛盾。如果君权神授的话，我们就不需要用德来对君提出要求了，因为神授的君权其合法性是绝对的，是不可以被要求的。这与孔子认为君权的合法性是建立在"仁"、"德"基础上的观点相矛盾。显然，君权神授的思想是那些谄媚之臣，对不仁、不德之君所做的辩护，并不是正统的儒家思想。

在前面讨论的基础上，我们再来回答第二个问题，即为什么说一部《论语》可以治天下？这句话的前身出自宋代开国宰相赵普的典故，原话是"半部《论语》治天下"，当然这是一种夸张的说法。为了更系统地看待孔子的理论体系，我们还是把这句话改为，一部《论语》可以治天下，并在治天下前加了"可以"两个字，区别随后将谈及。

首先我们要回答，什么是孔子的治国方略？同样的问题齐景公曾问过孔子，而孔子的回答非常简单："君君、臣臣；父父、子子"（《论语》颜渊篇第十二），要问再详细的，没有了。显然要理解这句话必须贯穿孔子的整个思想体系，作者对这句话的理解是：在社会治理中，君要像君的样子、臣要有臣的作为；父要有父的表率、子要有子的规范。具体说：所谓君的样子是指，君要讲仁义，有德行；所谓臣的作为是指，臣要忠于职守，这里忠不是忠君的愚忠；所谓父的表率是指，作为父亲要用君子的行为来影响子女，管理好家庭；所谓子的规范是指，子要孝顺父母，好好学习，天天向上。需要注意的是，孔子提出的忠孝仁义价值体系并不是特指的价值体系，而是对谁都适用的价值体系，如忠并不是仅限于臣忠，忠对君、臣、父、子都适用，孝更是对作为子的君和父来说也是适用的，而且他们要做得更好。但同时，相同的价值观对处于不同地位的具体人而言又有不同的表现形式，如忠对君来说主要表现在更高的德行要求上，以对得起君王这个职位。

下面我们再从现代政治学的角度分析孔子治国方略的含义：

一、它是非绝对真理观的产物。孔子自己心里清楚，他的治国方案所追求的不是社会问题的彻底解决，而仅仅是一种可行的方法。这个方法所达至的社会治理目标是一种称为中庸的状态，我们可以将其理解为关于社会治理的各种有利因素之间的动态平衡。至于什么是"关于社会治理的各种有利因素"？则每个人的理解一定是不同的，用西方当代的语言来说，所谓的有利因素就是"普世的价值观"，如平等、自由、公平、正义等。当然孔子不这么理解，他认为的有利因素是忠、孝、仁、义、悌等这样的一些价值观。而所谓的动态平衡，即中庸是指，将忠、孝、仁、义、悌这些价值观合理地作用在一起，使社会达至和谐的状态，或者说每个价值观都处于不过头又无不及的状态。至于什么状态是和谐状态，则要看统治者的政治智慧了，并没有普遍适用的答案。作者以为把中庸作为社会治理的理想状态是孔子对人类社会科学作出的极其重大的贡献，它实际上告诉了我们人类社会未来治理的方向，当然对具体的价值取向作者与孔子是有明显分歧的。关于这个问题的具体讨论我们将放在下一章。

二、基于人的社会依赖本能的产物。在上段我们提到孔子认为的社会治理有利因素是忠、孝、仁、义、悌这些东西。那么这些因素又有什么共同的本质特点呢？回答这个问题我们当然希望从最本质的角度来分析，即人作为一个生命形式最本质的特征。从个体来说任何生命都是利己的，因为任何生命如果不利己就无法生存，更无法在激烈的竞争中生存下去。但从生命的集体来说，或者从生命社会来说，任何生命单体都离不开其他生命的存在，不管是从简单的个体生存角度，还是从生命的繁殖角度说，它们都依赖于其他生命单体的存在而存在。我们将这两种基本的特征称为生命的本能，人作为迄今最高等级的生命体当然也具有这两种本能。为方便区别我们将前者称为利己本能，而将后者称为社会依赖本能。换个角度理解，我们也可以将这两者视为人的本能的两个方面，即将人的本能视为一个复杂的综合概念，利己和社会依赖是这个综合概念的两个最主要的方面而不是可以截然分开的两个独立概念。由此我们不难发现，孔子所说的忠、孝、仁、义、悌涉及的都是人与人之间的关系，出发点都是从人类社会的角度来规范个体人的行为。因此我们可以认为孔子是立足于人的社会依赖本能来讨论人类社会治理的。这与西方当代政治理论体系有着明显的不同。西方文明所提炼出的所谓普世价值观，如自由、平等、公平、正义、民主等等，它们都是站在个体人的角度对社会制度应当提供的服务提出的要求，立足点显然更多的是人的利己本能。作者以为这正是中华文明与西方文明在政治思维上最本质的区别。我们不能简单地据此来评价这两个文明孰更优孰更劣，而只能说各有优劣。对中华文明来说，社会的治理从人的社会依赖本能出发：强调人与人之间的亲情、相互关爱，在交往中温良恭俭让、不走极端，在理论上不讲绝对、讲求社会的整体利益等等，更有利于社会的和谐，这些都是中华文明的优势。当然，如我们将在下章分析的，孔子的理论体系也有重大缺陷。

三、它主要是农耕生存条件下的产物。关于这一点传统学者分析得很多，作者认为不需要再做更多的补充。

四、它是分两大层级的专制结构。不知是否有读者注意到，作者在给"君君、臣臣；父父、子子"断句时，在臣臣后使用的是分号，而不像以前的学者使用的是顿号。作者的目的是将孔子的层级设计思路表达出来。孔子将国家的治理分为两大层级：一是由君臣来管理的国家层级；二是由父兄来管理的家庭层级。应当说这一思路的原创不是孔子，古人早已有之。这可从国家这个词看出，中华文明早就认识到只要每个家庭治理好了，国家就基本治理好了，这叫有家才有国；反过来国家稳定富强了，每个家庭就都会受益，这叫有国才有家。家是国的基础，国是家的保障，因此古人创造了国家这个词告诉后人随时记住其中的道理。孔子在这个问题上的具体贡献是给各层级中的各个角色进行了定位，并给每一个角色赋予了行为规范。在国家层面，由君实行专制，臣辅之；在家庭层面由父实行专制，兄辅之。

谈到专制问题，作者以为很有必要多说两句。对儒家思想，东西方学者都有重大误解，即认为儒家思想就是一个专制主义学说，如美国著名政治理论家亨廷顿就曾说："儒教。几乎没有一个学者在传统的儒教要么不民主，要么反民主的命题上持学术上的反对意见"[3]。显然亨廷顿对儒家思想缺乏深入理解，结论太绝对了。首先，作为一种不承认绝对真理，追求中庸的政治理论体系，它本身就不是专制的，必须兼顾各方利益和观点。其次，根据老子定律，我们知道民主不是一个绝对的概念，即"民主可民主，非绝对民主"，同样的道理专制也不是绝对概念。按照作者在《社会系统学的基本原理》一书中阐述的观点，社会系统的组织分为他组织与自组织，我们通常所说的专制是指社会系统组织过程中他组织程度较高的组织形式；而民主是指自组织程度

---

[3]《第三波——20世纪后期民主化浪潮》，亨廷顿著，刘军宁译，上海三联书店，1998年10月，第364页

较高的组织形式。任何社会制度都不可能绝对地他组织，也不可能绝对地自组织，从这个角度说，社会制度的不同只是他组织与自组织的混和作用程度不同而已。显然，亨廷顿的错误之一就是把专制和民主的概念绝对化了。具体说，儒家思想虽然在国家层面和家庭层面都强调专制，但家庭的专制对国家而言实际上就是民主，即每个家庭的父、兄都参与了国家的治理活动，而且这种参与是实实在在的参与，不是那种选票式的虚参与。甚至从西方的积极的公民社会观点看，儒家思想所包含的民主内容从某种意义上说更具体，也更为积极。儒家思想强调的家庭自治实际上是一种分权到家庭的更广泛的共和体制，它赋予了父、兄治理家庭的部分权力，使家庭承担了相当一部分治安、教育、养老、医疗服务等社会职能。当然，我们也应当承认这种体制也有它的重大缺陷，如当一些家庭的治理不到位时，国家不能及时有效地关怀这些家庭的成员。

五、它是一种中央集权的圣人政治思路。总的来看，孔子的治国思路是一种圣人政治路数，即通过有德之君来实现社会的治理。他在借鉴了历史上尧、舜、禹和周文王治国经验的基础上，提出了一整套对君德的具体要求，并将治国的希望通过君之德集中体现出来。将国家的治理在很大程度上押注在一个人身上，君圣明则国家兴盛，君昏庸则国家衰败，显然是孔子治国方略最显著的问题，也是中华文明始终没有解决好的一个重大问题。虽然，在如何选臣的问题上，中华文明随后创造出了科举制度，提供了一种可行的"公务员"选拔方法，但对君则始终没有较好的解决方案。当然，这并不是中华文明特有的问题，现代历史以前的西方文明也存在这个问题。人们的社会存在决定了人们的意识，社会的经济基础决定了社会的上层建筑，作者是有保留地赞同这个观点的。如果将这句话改为：人们的社会存在局限了人们的意识，社会的经济基础局限了社会的上层建筑，则作者就没什么可保留了。孔子的治国方略当然也是受历史条件限制的，要求在他那个时期的历史条件下，提出今天的治理方案显然是不现实的，而且即便能够提出，在当时的环境下也难以实施，今天可能是好的方法，在那时则可能是更坏的方法。历史总是这样演绎的，不同的时期面临不同的问题，同时提出不同的解决方案，没有也不可能有一劳永逸的方案。

至此，我们用三节篇幅分别剖析了扮演中华文明三大主角道、释、儒的最基本特征，相信读者通过这些分析可以加深对自身文明的认识。我五千年中华文明之所以能一脉相传、生生不息是大有其道理的，作为这一文明的传承人我们完全有理由感到自豪。我们同时更应当警醒，因为我们的文明也有其根深蒂固的缺陷，这种缺陷同样也被传承了数千年，如果我们不及早地进行"基因"改造，我们的后人将会因此付出更大的代价。老子说自知者明，而明的目的是自强，这意味我们不仅应明白自己文明的优势，也应当明白自己文明的劣势，并在此基础上明白地将优势更自觉地发扬光大，将劣势更有意识地加以纠正，这个过程老子称之为"自胜"。也正是为了这个目的，本章我们主要在做第一件明白事，而在下章我们将主要做第二件明白事。

第二章 灿烂文明为什么风光不再

第一节 虚与实的脱节

通过第一章第一节的讨论我们知道，早在两千五百多年前老子就已经意识到：**世间万物都存在确定性与不确定性，确定性生于不确定性，不确定性中又包含有确定性，两者都不是绝对的。**同时我们还指出，老子实际的认识水准并没有达到这个世界观的要求，或者说老子真正理解的世界观与我们替老子总结出来的上述世界观还存在着明显的差距，还不是一个成熟与自觉的世界观。本节我们就主要分析老子不成熟、不自觉的表现形式。

由前面黑体字表述的世界观，我们可以将一个积极健康的世界观概括为以下三点：1、世间一切事物都是确定性与不确定性的共同载体，由此引申出一个必然结论就是，确定性与不确定性都不是绝对的，即老子定律；2、不确定性可以转化为有限度的确定性，即老子所说"无中生有";3、确定性在超出一定范围后可以表现出不确定性,用老子的语言体系可以表述为"有中生无"。三者是有机地联系在一起的,都不可偏废。老子的欠缺主要表现在第二点和第三点上。第三点我们可暂且不论,因为这已大大超出当时整个人类的认知水平了,即便在科学技术显著发展的今天,绝大多数人甚至包括绝大多数从事自然科学研究的人都还没有充分意识到这个问题。在第二点上,老子虽然意识到"无中生有",但并没有意识到主动寻找"有"、甚至创造"有"的积极意义。这就使得他所追求的无为而治变成了一种事实上的消极无为,甚至是不作为。本来老子的世界观是很积极的世界观,它成功地防范了极端思想的伤害,但却因为过于畏惧确定性而严重挫伤了人们对确定性的不懈追求。由于人类的知识体系更多地来自对事物确定性的认知程度,因此从这个意义上说,老子世界观的消极影响可能远大于积极影响。关于这点后面我们还将详细讨论。尽管我们可以为老子找到一个很合理的借口,即在他的那个年代人类的认知能力和整体知识水平还相当的低,这极大地限制了老子将一个具有积极含义的世界观转化为一个成熟的和自觉的世界观。但不幸的是,由于中华文明的其他两大主角佛教和儒家思想在这个问题上的相似度太高,说好听点是一致,说不好听点是近亲繁殖,使得中华文明虚而不实的毛病始终没有得到根本上的修正,以至我们文明的DNA里已经携带上了这个不良基因。

历史上的四大发明,可以说是中华文明的骄傲,也没人否认它们对人类科学技术进步所起的作用,我们还可以从李约瑟的著作里找到更多的其他能冠以"首先"的发明,这些只说明科学技术从根本上说不是能力问题,中国人并不缺少从事科学技术的能力。但同样是一个不争的事实,中华文明在近现代历史上,科学技术的发展大大落后于西方文明,并被西方文明利用这种优势所打败。其实败并不可怕,可怕的是败得不明白。相信很多人思考过这个败的原因，但大多数结论都不对症。不少人的观点仅仅限于在若干具体历史事件上，如当时的统治者犯了什么具体的错误，导致历史的发展错过了关键的机遇期，常举的例子有：明万历郑和七下西洋，只宣扬国威，而未开拓海外市场，错过了大航海机遇期；康熙劝诫沉溺于西方枪械、钟表的子孙"勿要玩物丧志"，错过了技术革命机遇期；晚清政府的昏庸，导致戊戌变法、洋务运动的失败，错过了工业革命机遇期等等，这些说法看到的都仅仅是现象而不是本质。所有这些错过表面上都具有偶然性，但从中华文明所走过的更长历史时间段来看，错过的概率要远远大于不错过的概率，错过才更符合中华文明发展的路径。自从儒释道担当中华文明发展的主角以后的两千多年里，它所形成的传统惯性是如此之大，非经历一次惨重的教训才能将其存在的内部缺陷看得较为清楚，也才有较大的可能将其纠正过来。失败是成功之母这句话用在这里没有错，因此我们没有必要在失败这个问题上患得患失，而真正要计较的是如何让它催生出成功来。

　　中国人并不缺少搞科学的才能，中国缺少的只是搞科学的社会氛围和激励机制。中华文明为什么缺少这种氛围和机制呢？如我们在前面分析的从根儿上论是世界观的问题，作者以为很有必要再深入阐述其中的道理，即老子为什么会表现出消极作为"虚而不实"。老子虽然认识到没有绝对的确定性，这是对的，是他对人类认知的贡献，但这个认知却引发了老子的一个错误意识，既然任何具体实践从根本上说都是有缺陷、价值有限的，后行动者就会因为比先行动者借鉴到更多的经验而受益。这点可以从他的这句话充分体现出来："为者败之，执者失之。是以圣人，无为故无败，无执故无失"《老子·六十四章》。这句话也不能说完全没有道理，但前提是每一次行动都允许你有足够的时间等待别人为你积累经验，事实上这在大多数实践中是不具备的。

道理很简单，生命的每一刻不管你愿不愿意其实都在进行着选择，而每一次选择不管你是否意识到都是围绕着追求某种，或某些确定性来进行的。而在这一至关重要的问题上，老子由于意识到不管你怎么进行选择，都不可能是最好的选择，那么就不如采取"聪明鸟后飞"的策略，由"笨鸟"先飞当"侦察兵"，然后再择机而动。当然我们也承认，"聪明鸟后飞"作为一种战术计谋在一些具体行动中不失为好的做法，但如果将其升格作为一种具有普遍意义的处事态度就会产生巨大问题。天长日久，原来的"笨鸟"会因积累了更多的事物确定性的知识，变得聪明起来，并在接下来的选择中更有针对性，使选择更明确、更有利可图、也更有效率。而原来的那只"聪明鸟"则因为缺少这些经验积累，变得越来越笨了，在行动中只能由后发制人的主动策略，逐渐演变成了模仿他人的被动仿制。这个"聪明鸟"和"笨鸟"的"故事"，也正是中华文明对比西方文明在科学技术领域落后的深层原因。

　　进一步说，虽然确定性不是绝对的，但由于人类活动的大量实践都是在有限条件下进行的，而在有限条件下确定性往往会表现出"更"的特征，例如当两点之间只有三条路的时候，就会产生出更短的路的概念。又例如在自然科学的具体领域中普遍存在着更快、更准、更精密、更有效的概念等等。既然确定性是事物的普遍属性，那么对确定性的追逐就具有普遍的意义，而且在一定的时间和空间范围内主动追求"更"确定，无疑会产生更积极的社会和经济的效果。老子在这点上的认识显然是欠缺的。他虽然提出了老子定律，指出确定不是绝对的，但如果因噎废食就由积极变为消极了。事实上当我们认识到确定性不是绝对的，应当更有利于我们探索事物的确定性，因为这等于告诉我们事物的另外一个普遍规律，即"有中生无"或曰"确定性背后一定隐藏着不确定性"。这个规律等于告诉我们，任何在某一范围里表现出来的"更"字，在超出该范围后会变得模糊起来，这时就表明我们需要在新的范围里采用新的研究方法去追求新的"更"字了。反过来说，如果老子的世界观是积极的，它应当鼓励人们去积极探索潜伏在确定性背后的不确定性，这无疑将极大地提升人类的认知水平。

当然，中华文明在近现代衰落的责任也并不能完全归咎老子，另外两个主角儒家思想与佛教也都有不可推卸的责任。儒家思想的过失在于"本能的扭曲"，这点我们将在下节具体分析。而佛教同样也重虚不重实，在这点上佛教的表现是只关怀人的精神，而很少关怀社会的精神。这里我们所说的社会的精神主要是指世俗社会权力结构所应当展现的精神面貌或者说价值追求。虽然我们肯定社会治理各个角色有分工的必要，也不主张宗教直接介入世俗社会的政治议题，并认为那将是很危险的，但我们同时认为：宗教如果过于超脱于世俗政治，不从精神层面对权力加以关注，那也是太虚的表现。相比现今的基督教则在这个问题上做得要"实"一些，它不回避直接谈论政治议题，谈论世俗的价值观，但它的重点则主要侧重于信仰和精神层面。对自然科学的关怀也是一样，西方宗教做得也要实在一些。教会甚至直接参与、赞助或者鼓励一些与教义相关的科学研究，虽然从世界观角度说，它的出发点是错的，但在客观上却有着一定的积极意义。站在缘起论世界观立场上，佛教本来更应该关注科学研究，以加强佛教教义的说服力，但事实上佛教却似乎在刻意避免直接介入科学研究，更谈不上鼓励了，以至佛教在虚玄上发展过了头，而在具体实在上很有不及，这反过来也极大地影响了佛教自身的普及和传播。也许一些教内高僧会反对作者的这个观点，指出佛教是鼓励信众广学世间各种学问的，如要求菩萨、行者学习五明（"明"译自梵文，意为学）：（1）声明，即声韵学和语文学；（2）工巧明，即一切工艺、技术、算学、历数等；（3）医方明，即医药学；（4）因明，即逻辑学；（5）内明，即佛学[1]。对此作者也是承认的，作者甚至还指出很多科学技术的具体成果出自佛门，

1,《佛教常识答问》，赵朴初著，陕西师范大学出版社出版，2010年2月第2版，第066页

但这与作者在前面所说的积极介入还是有本质区别的,它还是更像消极作为,而不是积极作为。否则,就不会出现作者在本书第一章,第二节中所讲到的情况了,即有那么多的人认为佛教与科学是完全不同的两种境界了。

说到虚的方面,儒释道则各有各的"高招":首先是道教子弟玩得最虚,风水、相面、驱鬼、占卜一件比一件虚。作者并不完全鄙夷这些玩法,作者甚至认可风水、相面有一定的学问在里面。如风水讲阴阳,一个山坡有阴阳两面,朝阳的一面植物长得好的可能性要大。又如一个人如果经常愁眉苦脸的,他脸部相应的肌肉就会发达一些,因此就有较大的可能长出一副"苦瓜脸"等等。说明相面是有一定科学道理的,并不完全是迷信。但是在玩这些的时候,有些道士,当然更多的是假道士,居然能得出未来的"精准预测",这就过了头了,因为所有这些准确预测都违背了道教老祖宗的定律,即老子定律。他们的所作所为实在是败坏了门风。借这个机会,作者替老子做一个澄清,今后不管哪位读者遇到了多么有道行的道士,也不管他通过什么手法,告诉你未来某时、某刻将会发生一件什么样的事情,首先你不要信,其次你千万不要把他当作真道士,因为他的所作所为是被道家的老祖宗视为不可能的。需要注意,我们这里所说的准确预测并不是指对未来某时某刻将出现日全食这类有模糊边界的预测行为,更不是指气象预报这样有一定科学依据的可能性预测,而是指绝对概念上的预测。

佛教与儒家思想在虚的方面也都有过头的表现。如佛教关于"三世"、"涅槃"、"空"、"化身"、"舍利"等等提法中都有很虚的地方,本来人的精神领域就是一种很虚的存在形式,组织者应当唯恐不实才对,因为只有实才能更有说服力,才能获得更好的普及效果,也才能对社会产生更为积极的组织作用。相信会有很多读者反对作者的说法,他们认为正是"三世"、"涅槃"、"空"、"佛化身"、"舍利崇拜"等等才吸引更多的人皈依佛教，才会出现盛唐时期那种万人空巷恭迎佛舍利的景象。的确作者也承认"虚"有虚的作用，但那种靠虚的作用带来的皈依是不"实"的，佛教需要的也不是这种不过脑子的崇拜式的追随，而需要的是那种建立在说服力基础上的稳定信仰，"虚"对佛教自身的健康发展也是不利的。也正因为如此，佛教在历史上虽数度兴盛，也数度受挫，如所谓的"三武一宗"灭佛事件。作者所说的"虚"主要是指说教中的似是而非，而"实"则是指信仰带给世俗社会的实际利益。佛教还虚在其教义的表述形式上过于玄妙，让大多数人更多感觉到的是玄，而不是其中的妙。因此教义的解释权往往仅掌握在少数所谓的得道高僧手里，让众多的普通百姓敬而远之。从更长远的角度说，一种宗教如果要健康地发展，就应当尽量避免使用过于虚幻的教义，或使用已经被现实证明不可信的教义来影响信众，虽然"虚"的出发点是引导信众向善，但这样做的结果更可能是适得其反。其实在当今宗教中，佛教是最容易走实的路线的，因为它的世界观是最科学的，也是唯一不造神的主要宗教。

说到儒家思想，其中的形式主义东西也不少，主要表现在礼制上，虽然孔子一再说，他的祭祀活动的目的主要是树立制度的权威性，并不是拜鬼神，但恐怕这些"虚招儿"负的作用远大于正面作用。

在写这节内容时，作者的脑海里不知怎么数次浮现出这样的情形：一大群义和团信众，手持大刀，嘴念"刀枪不入"，英勇地冲向八国联军枪林弹雨的场面，壮哉！更悲哉！不知该说什么哉！有人会说你搞错了，"刀枪不入"是道教的产物，我说没有错，"刀枪不入"是中华文明的三大主角共同的产物，对那个"悲壮"的一幕谁也脱不了干系。

第二节　本能的扭曲

　　孔子说"君子喻于义，小人喻于利"《论语·里仁》。显然，孔子认为君子与小人是有本质区别的，但这个区别的实质到底是什么？则是仁者见仁智者见智，围绕这个问题大致有二种观点：第一种观点，孔子根本否定人趋利是一种本能，对趋利也是持根本的否定态度的，在他看来，君子与小人的区别就在于：君子只追求道义，小人只追求利益。作者以为这个观点可能对孔子来说比较偏激了。因为从孔子的理论体系看，他应当是承认人的利己本能的，例如他曾坦诚地说过："富与贵，是人之所欲也，不以其道得之，不处也"《论语·里仁》。显然在孔子的理解中，君子并不是超人，君子也有利己的本性，但君子对富贵的态度是取之有道。第二种观点认为孔子虽然认为利己是一种本能，但这种利己的本能总是消极的，是人类社会治理的主要对象。因此君子与小人的区别在于：君子的行为首要考虑的因素是符合道义，而小人的行为首要考虑的因素是利益，两者的出发点不同，目的也不同。作者比较倾向于第二个观点。但作者不大认同将孔子的话"富与贵，是人之所欲也，不以其道得之，不处也"简单地理解为，君子爱财取之有道。因为这种解释容易产生一个误解，即君子与小人均趋利，区别仅在于是否有道。这里有一个主动、积极与被动、消极的差异，即在孔子眼中，君子的兴趣点不是利而是道，虽然遇到财富也并不是一概地断然拒绝，而是取之有道，但如果借道之名，目的实为追逐利益就不大像君子了。例如，孔子将"欲而不贪"列为君子的五美之一，并进一步加以解释"欲仁而得仁，又焉贪？"《论语·尧曰》，意思是：既然君子真正追求的是仁，他的收获自然也是仁，又如何会贪呢？孔子对君子的要求实际上也是他理想中的社会状态，从单一社会治理的角度看，孔子的理想无疑是美的。但问题也恰恰出在这里，他过于一厢情愿了，既然利己是人的本能光靠防是永远防不住的。利己好比是水，有利也有害，治水大禹早有经验，叫作兴利除害，一味地严防死守，不仅治不了害还伤了其利得不偿失。如果有两个社会，一个社会像孔子那样去治理，而另一个像大禹那样去治理，结果可想而知，一定是大禹社会治理得更好。"孔子社会"虽民风淳朴，但封闭、落后；而"大禹社会"人虽更自己一些，但生产力水平高，商业发达，科技进步，讲究游戏规则。这也正是中华文明与西方文明在近现代的对比。

儒家思想一直将利己视为潘多拉盒子，唯恐一旦打开对社会贻害无穷。其实这种顾虑本身就隐含了一个认识上的重大错误，如我们在第一章第三节所分析的，生命体的本能并不是纯利己的，利己只是本能的一种表现形式而已，因为所有生命体同时还是社会性的，即它们都依赖其他生命个体的存在而存在。因此从单体生命的角度，它在利己的同时也需要兼顾利他，以创造一个好的社会生存条件，目的当然也是为了自身的生存。也就是说利他与利己，从更高的智慧角度说，并不是必然对立的，利己可以产生利他，反过来利他也并不是单纯地为了利他而利他，利他的最终目的是为了更好的利己，甚至我们可以认为利他是一种智慧的利己，因为这种利己才是有生命力的，才是可以长久维系的。生命在进化的过程中，个体进化与群体进化是同时进行的，缺一不可。从这个意义上说，利己本身也是社会进步的一种动力。在这里我们必须搞清楚，利己和自私是两个有着本质不同的概念：前者是生命的正常状态；后者是生命的不正常状态，因为它妨碍了其他生命个体的正常利己，甚至威胁了其他生命个体的生存，破坏了生命社会的正常运转，是不理性的利己，是害己。因此，自私才是社会治理需要克服的对象。儒家思想体系一直没有在理论上把利他、利己、自私三者的关系理顺，具体表现在：在利他与利己的关系上，片面地强调利他，抑制利己；在利己与自私关系上含混不清，往往不加区分地一概加以防范。相反，西方文明对待利己则采取了鼓励与引导的治理思路，提倡利己但不能妨碍他人利己，在利己的同时要讲游戏规则，不能损害他人的利益，充分激发蕴藏在利己本能中的巨大能量，因此西方文明也表现得更有活力和创造力，起码在近现代历史中的表现看是如此。说到游戏规则，我们很多学者更多地是从秩序角度来理解的，很少从人文角度去加以理解。其实在作者看来，西方文明的大部分价值观自由、平等、公平、正义，包括尊重游戏规则都是源于利己文化的自然结果。这些价值观就本质上说都是为了保护正当的利己，防范不正当的利己，即自私。站在利己的角度，这种文化无疑提供了充分的发展空间。反观儒家思想，由于只看到了利己本能与社会依赖本能冲突的一面，刻意地拉一个压另一个，片面地强调"克己复礼"，结果自然是"克不住的己，复不完的礼"，苦于四处防渗补漏，事倍功半。概括起来说，儒家思想在对待人的本能问题上犯了一个重大错误，即把人的本能扭曲了，因此导致了社会治理上的一个严重缺陷，即"只防水害，未兴水利"。

在孔子之后的两千多年里，随儒家思想在政治实践中逐渐演变为中华文明的正统思想，在理论上逐渐系统"完善"，孔子的缺陷也被继承和"发扬光大"了。这里不得不提到一个重要的发展阶段，即所谓的程朱理学。不可否认，"程朱"三人的出发点都是想发扬光大儒家思想，当然前提自然是他们都认为孔子的思想还有不尽人意的地方，想让这个思想尽善尽美，但是这一步迈得实在是太大了，反而从根本上背离了孔子的思想，甚至走到了孔子思想的反面。这也是作者与传统研究儒家思想的绝大多数学者观点相悖的一点。道理很简单，孔子的思想体系基本上并不违反老子定律，而程朱理学则明显违反了老子定律："善可善，非恒善"。程朱理学认为天下有至善，称为天理，因此主张"存天理，灭人欲"。他们把社会治理的因果关系完全颠倒了，因为既然人欲是一种本能，那么人欲才是"天理"，社会治理的任务应当是"顺人欲，讲道理"，而不是反过来。孔子说的"富与贵，是人之所欲也，不以其道得之，不处也"也是这个道理。本来如我们在第一章第三节所分析的，孔子思想的基础是"中庸"，而"中庸"的基础又是不绝对，即不承认有绝对的天理，理有多种，"道"的责任是在这些理中追求平衡，这才是理想的社会治理环境。而程朱理学相反，他们追求的是在天理下实现大一统，即所谓的"理一分殊"，意为天下在同一个"太阳"的"照耀"下，各得其所。程朱理学所犯的错误与西方文明中康德、罗尔斯所犯的错误虽然在形式上和对善的取舍上有所不同，但实质是一样的。他们或追求至善，或追求最高等级的善，但结果都是将一个善与其他的善对立起来。

在这里作者认为有必要强调的是，我们对程朱理学的否定并不是绝对的否定，而只是否定它的绝对。我们否定的不是具体的哪种善，而是善的绝对。虽然，程朱理学所主张的具体的善，如"三纲五常"大都出自孔子的思想，但此"善"已经在本质上不是彼"善"了。因为但凡一个善都与其他的善有共通性，或者说善之间一定要有相互包容性，这是善之所以为善的前提。当一个善认为只有我善，其他善都要服从我时它就已经不是善了。这就像纳粹、极端宗教思想一样，如果从出发点上说，它们也都是想善的，但在实际中它们是大恶，而不是善，就是因为它们绝对了，当然这两个例子属于较为极端的情况，但其中的道理却是一样的。

大致以程朱理学为界，儒家思想的发展分为两大阶段：在程朱理学之前为儒家；在程朱理学之后为儒教。这是因为在程朱理学之后的所谓"儒家思想"越来越多地涉及人的精神领域，宗教色彩逐渐浓厚，开始走上了政教合一的道路。这也是"理一分殊"的一个自然结果，在文明的组织路线上应该只有一个"太阳"。在人类社会的治理过程中政治理论和宗教是应当有所分工和有所侧重的。其中政治理论侧重于如何利用人的本能充分调动人们的某些所谓积极的欲望来限制另外的一些所谓消极的欲望，并在此基础上构建公权力。而宗教则侧重于人的精神组织，主要方法是通过教义劝诱人们压制自己的欲望来降低由此产生的精神上的种种痛苦，从而使我们的社会更加平和。一张一弛、一扬一抑，相互补充，各司其职，既可以防止人们的欲望过分膨胀，又可以防止社会过于不思进取。当然这种分工能否合理进行的前提是，政治理论和宗教教义都不能是绝对的，否则就会出现政教合一的现象。程朱理学在将儒家思想神圣化后，自然就会取代佛教的社会组织功能，因为一个"神"是不需要助理的。其表现形式是，此时的儒家思想被加入了许多以禁欲为表征的精神组织功能。何为欲？用朱熹的例子说："饮食者，天理也，要求美味，人欲也。"（《朱子语类·卷十三》）。程朱理学所要达到的境界，就是"饿死事小，失节事大"（《程氏遗书》卷二十二），或用文革时期的话说就是要做到"毫不利己专门利人"、"狠斗私字一闪念"。在这么高的境界下，显然佛教已经没有存在的必要了。

在当代社会人们已经认识到政教合一是很危险的，开明的政治家一般都主张政教分离，因为人类社会在这个问题上曾走过不少弯路，典型的如欧洲中世纪教会统治时期发生的许多荒诞事件。政教合一的弊端主要来自：1、如果将权力引入到人的精神领域，一旦使用不当造成的不良后果往往会加倍放大，而且难以愈合。2、政教合一使统治者的合法性建立在所谓的教义基础之上，这很容易导致更为极端的专制统治，如极端的伊斯兰国政权。3、政教合一的社会治理理论体系更容易趋于保守，不利于社会的变革。这点在晚清衰败史中表现得尤为明显。

受程朱理学的影响，儒教变得"耳不顺"了，开始排斥其他观点，听不进不同意见，甚至逐渐地与老子、佛教走向了对立，道不同不相为谋。不知道孔子子嗣对家谱的一条规定是不是受程朱理学的影响，即凡信道、佛的子嗣都不得入谱，作者以为这是大可不必的，因为这条规定违背了孔氏祖先的中庸思想，对祖宗也是不敬的。一种善的伟大之处在于，它能够包容更多其他的善，并与它们和谐相处，而不是它的所谓纯洁与绝对。我们的社会唯一包容不下的就是绝对，因为绝对本身包容不了任何其他的事物。

最近社会上有恢复儒家思想的趋势，从社会稳定的积极意义上讲这也是需要的，因为儒家思想的的确确包含了很多积极向上的内容，永远都是中华文明的宝贵财富。但我们同时也应当清楚儒家思想中也包含一些不适应社会全面治理的缺陷，对这些缺陷我们也应当同时加以剔除，否则我们就只能是重复历史，而不是创造历史。作者一直都很欣赏朱熹的一句诗："问渠那得清如许，为有源头活水来"，可惜呀！真不知道朱熹怎么就最终选择了"从一而终"这条路呢？

第三节 跛脚的文明

自打鸦片战争，西方文明随意开来几艘架有大炮的船，就能轻易撞破中央之国紧锁着的大门，中华文明和西方文明的学者就在分别从不同角度思考同样一个问题，这具不久前还需要别人仰视的庞大身躯，怎么说倒就砰然倒下了呢？对这个问题，虽然角度不同中华文明与西方文明学者得出的结论却是一样的：它不是一个偶然事件，如赛跑中被一块没有注意到的石头绊倒，而是一种病态，中华文明已经没有气力来完成当下的这场比赛了。但在作者看来，此前不管是中华文明学者还是西方文明学者的主流观点都存在明显不足，带有太多的成败论英雄的色彩，缺少深入的理性分析。这样的诊断对中华文明的康复帮助不会很大。如我们在前面的分析，作者以为中华文明病在两点上：

第一，在对待世界的本源认识上重虚不重实。

第二，在社会治理问题上，重人的社会依赖本能，而不重人的利己本能。

这两种病的共同点都是在"两条腿"中只偏重于用"一条腿"，致使"两条腿"中的"一条腿"发达，而另"一条腿"肌肉萎缩，因此使得中华文明的机体出现了走路不平衡的问题。两种病的病理也是一样的，都是在社会治理的过程中，将本来应当成为社会治理的积极因素当作消极的治理对象，我们称之为文明调整目标失衡症。下面我们通过第一章第二节引入的熵概念来帮助读者分析文明调整目标失衡为什么会产生危害。以我们日常生活中房屋建造为例，要使一幢房屋坚固，地基、柱、梁的作用都是缺一不可的，柱固梁不坚，梁坚柱不固，又或虽柱固梁也坚，但地基不稳，我们的房屋都不可能牢固。社会治理也是同样的道理，如果我们将人的本能两大要素利己与社会依赖比作社会这幢建筑的梁和柱的话，中华文明的问题就好比在盖房时只强调了柱子的作用，忽略了梁的作用，这样的房子是耐不得久的。当然，盖房子只是一个简单化的例子，实际的社会治理问题要复杂得多，所谓梁和柱的作用也不能区分得那么的明显。下面我们引入一个新概念："组织熵"。

组织熵是指，在社会系统的组织过程中，由于过度地强调了某一因素的组织作用，使其伤害了其他因素的组织积极性，产生了与组织初衷背离的相反效果。以儒家思想为例，作为一种政治理论体系，儒家思想的初衷当然是想实现社会不断向善，但由于它过度强调了人的社会依赖本能的作用，忽略了利己本能的作用，甚至压制这种作用，实际上等于将本来可以对自己初衷起到积极作用的因素当作有害的东西加以限制，使得它的组织努力与其目标发生了背离，减少了善而不是增加了善，即它实际上在做的事情在一定程度上与它想做的事情南辕北辙。在这里我们可以看到组织熵具有一个鲜明的特点，即它通常都是由组织者对事物规律认识错误导致的。因此它也是一种难以改正的错误，甚至在实践中不乏这样的例子，"房子"倒了还不知道问题的原因。从这个意义上说，中华文明在近现代历史上蒙受了一次重大的失败也是件"好"事，因为它为中华文明提供了一个认识自身不足的的机会，在事情发展到无可挽回之前加以改正。

有一种工具可以帮助我们诊断"文明调整目标失衡症"，它就是积极的中华文明世界观，在这里我们为什么要强调积极这两个字呢？道理说起来也简单，为了给中华文明找一个"台阶"下，也为了使作者的观点能够自圆其说。中华文明创造了这个世界观，但中华文明自己也犯了严重的"文明调整目标失衡症"这不是与作者前面的说法有矛盾吗？一个合理的解释就是，如我们在前两节分析的中华文明对自己的世界观认知还不够积极，缺乏自觉性。本来认为世界观没有绝对，为什么还要一条道走到黑呢？本来认为中庸是最高的境界，为什么还要在社会治理中亲近一个疏远另一个呢？还是对世界观基本功修炼得不够嘛。

中华文明调整目标失衡症的具体症状有很多，如：

一，商业得不到足够的重视。这里我们说不重商，并不是说中华文明历来轻视商业的发展，把商业置于一个可有可无的地位。事实上中华文明的商业在历史上曾经很发达过，宋代名画《清明上河图》就是有力证据。我们是说中华文明中带有一定程度的歧视商业的文化氛围，使得商业没有得到应有的健康、可持续发展。在认识层面上对商业的负面作用看得较多，而对商业的积极作用看得较少。可别小看这简单的一出一入，久而久之就形成了人们的一种普遍意识，即经商属于小人行径，起码也非君子风范。虽然，在统治者眼中商业作为一种调剂余缺、辅助农业、保证民生、充实国库的经济形式不可或缺，但他们也随时警惕着它对民风的侵蚀，防范着商业过度"繁荣"损害农业之本。正是这种文化氛围，使得中华文明最终没能借历史上如丝绸、瓷器、茶叶几次大的中外贸易机会走出农耕文明的局限。

二，科学技术的发展缺乏持续的内生动力。对这个问题的病因，我们已经在本章第一节中详细讨论过，这里就不再赘述了。需要补充的一点是，科学技术的发展与前一个问题是密切相关的，科学技术与商品经济是互为目的、手段和动力的关系，两者结合在一起就会产生出高效的良性循环。反过来，后者欠缺，前者也就难以很好地发展。

三，社会政治制度顶层权力结构不合理。所谓顶层权力结构不合理主要是指，社会治理体系的最高权力不能实现平稳交接，这个问题始终贯穿于中华文明的发展史中，至今仍然是中国政治体制需要解决的首要议题，也是东西方文明在政治问题上的最大分歧点。关于这个问题的详细讨论我们放在本书第三编，以节省本节篇幅。

中华文明的病症还有很多，如中医药重虚不重实、在外交活动中君子有余小人不足、中华学子重文轻理、绘画艺术重写意不重写实、人际交往中重情义不重规则等等，我们就不一一列举了，实际上也很难列举清楚。

读到这里，想必会有读者产生这样的疑问：你说中华文明患了严重的疾病，为什么自己不能及早地感知呢？是病都会有表现，会引发身体的种种不适，如头痛脑热、胃疼腹胀、心慌胸闷什么的，多多少少总会有些表现，但实际上中华文明几千年下来似乎一直感觉良好，这恐怕说不过去吧。作者认为这个问题要从两个方面来回答。

首先，文明之病要在不同文明的对比中才能够显现清楚，抑或说一种文明之病是相对于其他文明而言的，如果没有其他文明与之争奇斗艳，它的不足是表现不出来的，甚至还是美的。科学技术的发展就是一例，如果没有西方文明在科学技术领域的进步，中华文明重虚不重实的缺陷就难以显现。中华文明虽然是一条腿走路，但起码它蹦蹦跳跳地走到了今天，它原以为路就应当是这样走的。当它看到西方文明以另一条腿走路，而且在很多方面走得更好时，它才会清晰地感觉到，原来路也可以那样走，并由此想到更多的如何走路的问题。当然西方文明也可以从中华文明走路的姿式学到东西，这是我们将在本书第二编中讨论的话题。这就好比鸟儿在天上飞是一种走路的形态，当它在天空上自由自在地飞翔时，它并不会认为飞有什么不好的，但当它与鱼碰到了一起，发现鱼可以在水里畅游时，才会感觉到飞是有美中不足的。只有在一种情况下可以做到任何缺陷都能被自我感知，而且所有生物都能共同向一个目标进化，即世间存在一个绝对正确的走路姿式，可惜的是这种情况被老子定律否定了。也幸好被否定了，否则还有我们吗？

其次，当一种社会治理的理论被实践证明行之有效，从而被人们普遍接受的时候，人们会自然地偏重于依据该理论进行下一步选择，以此类推，久而久之就会形成一条具有惯性的路径。沿这条路径走下去有一种轻车熟路的感觉，会降低对不确定未来的恐惧感。源自孔夫子的克己复礼，中国文化精英们也有很重的厚古薄今情怀，我们的经史典籍涵盖了社会的方方面面，遇到问题他们习惯从自身文明的历史中寻找答案，而且似乎也总能找到答案。中华五千年文明史无疑是辉煌的，但孰不知这辉煌其实也是一个沉重的历史包袱，它影响了背负这个包袱的人对未来的选择。路径遵从这样一个规律：它延伸得越长，将来如要改变路径付出的代价就会越大。这就如同鸟儿厌倦了飞翔，想转回水里遨游的道理一样，那岂只是朝夕之功呀！这是一个庞大的系统工程，如同鸟儿想变成鱼，鸟儿的几乎每一个细胞都要一点一点的发生改变，而且是协调一致地改变才能最终完成这种路径的改变。当前中国正在进行的改革开放就其本质来说就是一种类似的路径改变过程，非一般的任重道远啊！作者在这里强调改变路径的难度，目的绝非要放缓改革开放的步伐，而是要减少它的盲目性，是想借此告知那些激进的改革派：在一个强调人的社会依赖本能的大文化背景下，突然引入一种在一个成熟的利己社会形成的政党政治将是一件很危险的事情，它有更大的可能是造成社会机体运转的不协调，而不是民主政治的进步。

总结以上讨论，我们可以得出如下观点：1、文明调整目标失衡症是一种慢性病。当一个文明长期处于一种相对稳定的环境里时，比较容易患上这种疾病。2、患病的文明体系越封闭，它自身就越不容易感受到这种病的症状。3、这种病的直接后果是，社会系统部分正常功能萎缩，因此当环境发生与受损伤功能相对应的突然变化时，整个社会系统的不适应就会显著地表现出来。4、该病的治疗最好用温补的方式进行，如果用猛药治死的风险极大。这就像想给鱼儿安上一对翅膀，让它一下子就能学会飞翔的道理一样。鱼的各个器官都不适合飞翔的需要，飞翔本身也不会给鱼带来实际的利益，甚至是负担。想飞没有错，但那绝不是朝夕之功，如果借助外力猛然飞起来，结局自然是猛然跌下去。

中华文明之病不治不行，不治意味着任由畸形的机体畸形发展下去，加大今后医治的难度；猛治也不可取，猛治意味着揠苗助长，不仅治不好病，如果彻底搞乱了社会基本秩序，还会治"死人"的。在这个问题上，树立起积极的中华文明世界观可谓当务之急。

中编

西方文明是非谈

第一章 一幢顶天立地的大厦

第一节 一种不同的设计理念

西方文明这幢巍峨屹立的大厦，它上有上帝这个天罩着，下有一个庞大的现代主义体系支撑着，中间还有发达的科学技术这个强有力的钢筋铁骨结构，不管是在东方还是在西方，当今世界都很少有人怀疑它的稳固性。的确它也有其骄傲的资本，因为自打中华文明在近现代历史中衰败以后，西方文明就一直傲视着其他文明，一枝独秀，并成为大家效仿的榜样。

与中华文明不同，西方文明大厦的设计理念是追求完美。这首要得益于它有一个"完美"的"设计理论"，即现代主义哲学。所谓现代主义哲学是指承认宇宙存在绝对真理，并致力于探寻这个真理的思想体系。

现代主义大致发端于古希腊文明，西方学者比较一致地推举苏格拉底为现代主义的创始人。苏格拉底(Socrates，公元前469—399)与中华文明的老子大概是同时代的人,他认为:真理乃内在于世界和人心,只要经由合理的询问即可抽丝剥茧加以取出[1]。其实在西方文明的发育过程中比苏格拉底早的思想家有的是,例如普罗泰哥拉(Protagoras,公元前485—410)就是一位,在当时的名气也不比苏格拉底小,但由于他不承认世间存在绝对真理,自然也不能成为现代主义哲学的奠基人。此公我们在讨论老子时也曾提到过,就是那个被冠以相对主义祖师爷的大辩论家或者说是西方的玄学家。普罗泰哥拉与老子的共同点在于他们都否定绝对真理的存在,不同点在于叙事方法,或者说否定的角度不同。普罗泰哥拉认为:没有任何事物就是某件东西[2],这点与老子是高度一致的。因为,如果某件事物就是某件东西的话,那就意味着该事物就是某件东西的完美表达,而这是违反老子定律的。但他在论述过程中又把人的主观作用绝对化了,强调"人是万物的尺度",一切行为对错只能依特定文化体系而定,因此陷入了自相矛盾中。而老子不同,老子在否定绝对的"道"的同时,也承认在一定条件下"道"的普遍意义,即"道"可道,它有客观性,有不依人的意志为转移的一面。对这一点,作者是有保留地赞同西方学者对普罗泰哥拉的批判的。例如,一个人漂亮不漂亮是有一定的公认标准的,如他或她的五官要间距、比例协调等,但何为协调却是没有绝对标准的,具体对个案来说我们并不排除个人的喜好甚至是偏持,但我们也不能否定存在被较多的人所接受的那种美。又例如,对两个美女哪个更美这样的问题,是没有绝对的标准可以评判的,普罗泰哥拉说人的主观意识的尺度没有绝对的一致是对的,但在这样的问题上"更美"的概念是存在的,只不过"更美"这个概念具有不确定性,而且这种不确定性会随条件的变化而变化。当两个女人按通常的标准一个很美,另一个很丑时,人们较为容易判断哪个女人更美,或者反过来说进行"更美"判断的不确定性就

---

1. 《尼采的锤子》,「英」尼古拉斯·费恩著,黄惟郁译,新华出版社,2010年1月第1版,第26页。
2. 同1第12页

会明显降低；当两个女人都很美时，"更美"的不确定性就会提高，相反确定性就会降低，人们对更的表述将变得困难起来。没有绝对的相对，也没有不相对的绝对，后者是作者对西方文明批判普罗泰拉相对主义的保留之处。一下子又扯远了，还是回到我们关于现代主义之父的话题。被称为希腊七贤的泰利斯(Thales，公元前636—546)也比苏格拉底更早，而且他也承认存在绝对真理，并被公推为西方哲学的第一人。可别小看这个"第一人"称谓，因为在西方哲学界要被人看得起，你就必须在科学上有所成就，泰利斯的一个著名成就是准确预测了公元前585年的一次日食。但即便是泰利斯仍然不被接受为现代主义的祖宗，原因是他违背了现代主义所惯常的叙事原则：立论的前后一致，即用严谨的逻辑将前后两个观点联系起来。泰利斯的叙事方法是将复杂叙事用简单叙事来代替，忽略了由简单到复杂过程中的逻辑关系，因此不被现代主义所接受。泰利斯的叙事方法被称为还原主义。经过认真的遴选，将"残次品"一一剔除后，苏格拉底就成为当然的候选人了。当然现代主义这个"江山"也是打下来的，苏格拉底的主要战功就是将当时势力最大的"军阀"普罗泰戈拉打败，随后在他的学生柏拉图和亚里士多德等人的共同努力下，承认绝对真理世界观逐步确立了在西方哲学中的统治地位。　从此，现代主义哲学就一直在主导着西方文明的前进方向，并用各种主义为这个文明的地基打下了一根根"坚实"的钢桩。

　　与中华文明相似的是，西方文明也需要一个与现代主义相匹配的宗教来承担西方社会精神领域的组织角色。当然不同的是，这个宗教一定也是承认绝对真理的宗教，否则它们之间是不可能配合默契的。终于在苏格拉底去世后约500年，西方文明找到了一个可以充当这一角色的宗教，这就是基督教。这里所说的基督教是广义的基督教，它包括：天主教、新教、基督教，甚至还应包括犹太教。基督教承认绝对真理，而且这个真理已经找到，它就是上帝。围绕真理，现代主义和基督教分别在做方向完全相反的事情：现代主义在世俗的领域做着向真理不断靠近的工作，即试图证明真理的存在；而基督教则从精神的角度做着"让真理的阳光普照大地"的工作。前者是向着真理聚拢，为西方文明不断地夯实基础，是地；后者是由真理向外扩散，为西方文明提供环境保障，是天。在有了"上天"，"入地"的保障后，西方文明就开始了大规模的"建设"。它的设计思路是一个与中华文明写意思路完全不同的写实过程，这幢大厦的每一个细节都被设计得尽可能地完美。当中华文明的中央之国还沉浸于一幅幅田园风光的诗情画意时，西方文明正在不懈地追寻着它心目中的真理，虽然在主攻方向上屡战屡挫没有取得丝毫进展，但却在副攻的各个方向上获得了不菲的成就，特别是在科学技术领域更是硕果累累，把那个曾经让其羡慕不已的东方文明远远地抛在了后面。当这些科学技术被广泛地用于武器制造，实现了冷兵器向热兵器的跨越后，东西方文明实力的天平就彻底地倒向了西方。东西方之间的贸易也不再是你情我愿的所谓公平交易，目的也不再是简单的拾遗补缺，而替之以我们称为"侵略"的东西了。这种"贸易"的最终结果自然可想而知，只是什么时候发生，以何种形式发生，发生的程度不同而已。

不少中国人仍习惯以几个皇帝和一个太后的失误来追责两大文明实力对比的逆转，其实不然，它是上千年文明积淀的既必然也偶然的结果，要说责任作为中华文明的每一个份子都有责任。我们也没有必要对自己的文明一时的衰败过于耿耿于怀，一个延续数千年文明的衰败，从个人的角度说是大事，赶上了与没赶上那是有天壤之别，但是从一个文明的长远发展角度来说这种衰败只是一个小小的事件，就像我们在日常生活中办错了一件事一样，关键是我们能不能从中汲取足够的教训，如果我们能通过失败的经验减少今后犯类似错误机会，甚至孕育出更大的成功来，那么先前的错误就是一个机会，是有益的。

人如此，一个大的文明更是如此，这才是我们的目的。

西方文明的地上建筑是由一个个"螺钉"与一件件"钢结构"紧密搭建的，这里所谓的"螺钉"是指严密的逻辑，而所谓"钢结构"是指一个个亮丽的概念。在西方设计者的意识中，这幢大厦应当是一个每个"钢结构"都被一个个"螺丝"丝毫不差地连接在一起的，不留任何遗憾的，至善至美的最终作品，一个以真理为基础构筑的大厦。在这里读者一定会提出一个问题：西方设计思想显然违反了老子定律，又怎么可以建起来呢？其实这个问题我们在讨论老子时已经分析过，依据老子定律，建可建，非恒建，否定的只是恒建，而不是可建，即否定的只是把任何一个具体的"建筑"视为完美，而未否定任何为追求"完美"的具体的"建筑"。老子的缺陷在于由于认识到没有绝对的完美，而在行动中不积极追求美。而现代主义的缺陷在于没有意识到压根儿就没有完美，而在行动中极力追求美。对现代主义来说它的缺陷在一定的程度上反而是优点，因为它推动了人们对事物确定性一面的探索。换一个角度说，正是因为没有"恒道"、"恒美"，才使得这个世界为道和美敞开了最大的胸襟，包容了一切对道和美可能的追求，因此它不是消极的世界观，而是积极的世界观。当然我们也必须警惕，如果这种探索趋向绝对时，就很容易给现实世界带来严重的危害，特别是涉及思想与社会治理这样的领域，就像当今世界流行的某些宗教与政治极端主义思潮一样，这是现代主义背后隐伏的病根。关于此点我们将在下章具体讨论。

不管怎么说，从工业革命至今短短二、三百年的时间，西方文明就创造了相当于人类此前1万年所创造财富的总和。西方文明起码到现在感觉仍然是良好的，甚至有人认为"这幢大厦"离最终完工已为时不远了。当然也有不好的消息，分别来自传统哲学、基督教和自然科学。如在哲学领域刮起的后现代主义思潮；在宗教领域上帝的话语权被逐渐削弱；在自然科学领域不断发现的用经典理论难以解释的不确定现象等等。但这些还远不足以撼动西方文明的整幢大厦，在大多数普通老百姓眼里，这幢大厦看上去仍然坚如磐石。这种感觉主要来自我们的教育体系天天向人们灌输的所谓常识。那些坐在在全世界各个大学教室里专心听讲的大学生，甚至博士生，没有几个对黑板上满天飞的各种等式产生过丝毫的怀疑。他们将创造这些等式的科学家供奉在神龛之上，只敢言崇拜，不敢想超越。道理很简单，既然是等式那就意味着终结，意味着完美，当然也就意味着在它们的背后再也没有思想的空间了，是顶峰！

西方文明这幢大厦也有不尽如人意的地方，最主要的就是社会科学领域。在社会科学领域甚至没有产生出一条能让所有的人普遍接受的定律，有的只是各种主义的山头林立，它们的不同仅表现在有的山头正在成长，有的山头正在萎缩，非常类似地球表面发生的造山运动，山头被不断创造着，也不断消亡着，今天的珠穆朗玛峰可能就是明天的一个小土包，没有一座山头能够坐稳第一的宝座。是什么原因造成了这种自然科学与社会科学两重天的局面？是因为所有聪明的人都去研究自然科学了，留在社会科学的都是些笨家伙？当然不是，事实上很多曾在自然科学领域做出过杰出贡献的自然科学家都染指过社会科学的研究。对本书的读者来说此时回答这个问题自然不在话下，老子定律！但要真正弄懂问题，把答案融入到自己的思想中还是要下功夫的，因此在本书后面的章节还将从不同的角度对这个问题给予重点关注。

相信有读者会轻松地提出这样的建议，中华文明将自己对世界观的见解传授给西方同行不就行了，事情岂是如此简单。西方文明在骨子里就是一种讲实力的文明，你对它说三道四是要有资本的，败军之将岂敢言勇。你说你是对的，我是错的，来咱们再比划比划，瞧你上次被打倒了还没爬起来呢，还来教训我！的确也是这样，中华文明自己还在当着学生,甚至还在迷失着方向,怎么有当老师的资本。一个人当自己的事情还没有做好的时候,对别人指手划脚那叫好为人师,别人也是听不进去的。况且,不管是"地基"缺陷也好,"螺丝"缺陷也好,再还是"钢结构"缺陷也好,毕竟它们支撑起了这样一座宏伟的大厦,这说明西方文明的设计思路里包含了许多值得我们借鉴的东西。只要有心,当当学生是不会委屈的。

第二节 谁主沉浮？
西方文明与中华文明不同的解答

一个社会应当由谁来进行治理，怎么治理，又怎么保证这种治理符合社会的整体利益？这个问题是人类所有文明都必须面对的核心问题。

纵观中华文明与西方文明的历史，我们不难发现在社会治理问题上西方文明相对具有更为丰富的经验。这是因为，西方文明是众多国家、不同区域文化的集合体，它所经历的社会治理模式更多，积累的经验也更丰富。而中华文明基本上是同一文明的延续，政治形态主要是大一统的中央集权式多民族国家，语言也基本上以汉语为主体，三大文明主线儒、释、道的发展也较为平稳，大体围绕农耕生存形态展开。总的来说中华文明的经历比较西方文明要简单一些。当然这很难用某一个标准来评判利弊，说各有利弊可能更为妥当。但有一点我们应当承认，那就是在由谁来治理社会这个问题上，西方文明似乎做得更好一些，起码从近现代史的观察是如此的，而这多少获益于西方文明的丰富经验。

任何一个社会都需要进行管理，否则就不会产生社会赖以生存的秩序。我们难以想像一个社会可以允许杀人放火这样的事情随意发生，因此即便是那些极端的无政府主义者也不能否认，某种秩序是必要的。从理论上说，不同文明对社会治理的分歧主要集中在应当由谁来进行社会治理，以及怎么进行治理这样的问题上。在这个问题上中华文明的思路是，尽可能多地培养出好皇帝以中央集权的方式来治理社会，具体的做法为：通过善的文化营造更有利于产生好皇帝的社会氛围，同时建立一套选拔制度发掘出更多能够辅佐皇帝治理社会的各层级的"公务员"。这个思路与其说是社会系统的组织设计，不如说更多的是一种无奈的选择。因为对于以农耕文化为主的文明，特别是对这样大体量的农耕文化，可供操作的选项其实并不是很多。从这个角度讲，中华文明的治理思路也还算是成功的，因为在"君君，臣臣；父父，子子"的理念下，君君是放在第一位的，君要做得像君的样子，他打小就要接受近乎严苛的教育，当了太子后更要接受施仁政、树德行的"小灶训练"，说起来作为君也是很不容易的。这种文化氛围的确大幅提升了好皇帝的产出比例，一定程度地制约了坏皇帝坏的程度，并在经历了如此多的好好坏坏、起起伏伏的动荡后，硬是将这一文明传承了下来，而且在大多数历史时段，中华文明都是相对繁荣和稳定的。当然，这种多少带有赌命色彩的治理思路，放在有更多选择的今天，恐怕很少会有人再接受了。

受益于商品经济的飞速发展，西方文明的利己文化如虎添翼随之迅速膨胀起来，在这一进程中社会结构和社会环境也发生了重大改变，特别是自由、平等、公平、正义、人权等政治理念日益被社会大众所认同，伴随工业化的城市化使得社会的绝大多数人口聚集到城镇中，他们对社会治理提出了更高的要求，而人口聚集本身也为一些以前难以实施的具体操作提供了可能。最为关键的是，当人口聚集到一定程度后，人们相互间生存依赖的程度也会随之提高，同时在一个共居的社会环境下任何一个片面强调自身利益的社会集团都难以在力量上获得绝对的优势，这些因素都为社会治理开拓了更为广阔的空间。在这种背景下，西方文明的主要国家似乎不约而同地选择了另一个解决社会治理的思路，即所谓的民主。这种思路的核心就是，谁来当皇帝由大家决定。从治理的角度说，社会还是有一个皇帝的，只不过这个皇帝不像以前是靠力量打拼出来，并依据血缘关系进行传承，而是大家选出来的。而且这个皇帝是有任期的，干不好大家可以换掉他，当然为了与以前的皇帝区别开来,人们给他另起了一个名字叫总统,更准确地说是民选总统。因为也有些总统是打出来的,或政变变出来的。且不管西方政治家是否夸大了这种体制的作用,也暂且不管这种制度有多少民主的内涵,西方现行的政治体制起码在一定程度上提供了一种好皇帝与坏皇帝较为平和的解决方案。这无疑是人类社会治理的一种进步,是应当加以肯定的。

当今西方几乎所有发达国家都实行了它们称为民主的制度,这给很多人造成了这样一种错觉,带有普选制度安排的这种体制是一种具有普遍意义上的先进社会治理模式,只要采取了这种治理模式,原本落后的国家就必然可以很快地先进起来。其实民主制度的好坏和社会内在条件是互为因果的,民主并不必然导致社会的进步,在条件不成熟的时候,民主还可能是更坏的选择。作者在相当程度上赞同马克思的这个观点,人们的社会存在决定人们的意识。但这句话如改为"人们的行为选择受到人们所处的社会环境极大的限制"就更好了,因为马克思的原话太绝对了。为什么古希腊早在两千多年前就出现了高度自组织的社会体制,主要原因不是因为古希腊人更有智慧,而是当时的条件和环境更有利于这样的体制产生。同样的道理,在近现代民主再次登上西方文明的舞台,并扮演起主角,是时代催生和文明性格共同作用的结果。一些西方当代学者也承认这一点,例如著有《多元主义民主的困境——自治与控制》、《民主及其批评者》、《论政治平等》等著作的美国著名政治理论家罗伯特·A·达尔(Robert A.Dahl)就指出:"只要存在这种有利条件,民主就能被独立地发明和再发明"[3];"数千年来,那些最初的民主形式可能正是最'自然'的政治体制"[4]。罗伯特的观点较为合理地解释了,为什么早在两千多年前希腊就出现了民主制度,而在后来的两千多年历史中类似的民主制度又都消失了这种现

---

3. 罗伯特·A·达尔著,《论民主》,人民大学出版社,2012年6月第一版,第9页。
4. 同1,第10页。

象。这是因为古希腊当时的社会条件适合某种民主体制的产生，当这种条件不再具备的时候，这种民主体制也就自然消失了。在人类历史进入到农耕文明时期，由于分散的以一块块农田为核心形成的松散社会结构不利于民主体制的产生和有效运作，因此不管是中华文明还是西方文明都普遍没有实行民主体制。由此看来，西方现行的民主体制其实只是适合的社会所采取的一种可行的治理选择而已。它不必然以某种确定的形式产生，也不产生某种必然。什么意思呢？大概有这么几层：1、民主，不存在一种确定的可以适用于各种社会环境的模式，当然我们不排除在条件大致具备后每一个社会都有适合其运行的民主体制；2、民主不存在一个或多个可以确定地衡量其作用程度的标准，当然我们不排除建立若干标准来在一定程度上衡量民主作用程度的可行性；3、民主不存在一个可以和它确切对应的产生条件，当然如我们在前面讨论的，民主的产生需要具备一定的条件，但所有这些条件都不是绝对的；4、民主不管运行得多么顺畅，都存在负面的影响，即民主永远都需要在权力制约与权力效率之间做取舍；5、民主并不代表任何社会问题的彻底解决，其中当然也包括我们前面提到的好皇帝坏皇帝这个最基本问题在内；6、是否实行民主制度，并不能作为一个国家的社会体制是否先进的单一标准，当然我们承认在一定程度和条件下，民主应当成为一个国家社会体制是否健康的重要标准之一。同样的道理，所有以上的讨论内容都不应当成为某些当权者不实行或者拖延民主的必然理由。夸大民主的作用，如很多西方政客所做的，与刻意贬损民主的作用，如一些专制者所做的，都没有理论和实践上的绝对依据。

那么是什么原因促成了民主这种社会治理模式普遍发生在西方国家呢？作者以为主要有这样几个原因：1、以商品生产和城市化为代表的社会生产力发展水平达到了相当的程度，使得任何一个单一的社会群体都难以不顾其他群体的感受，片面地追逐自身利益。一个显著的例子是，在资本主义经济发展的早期，由于资本家过于贪婪地追逐自身利益，在一些国家导致了社会极度的贫富不均，当阶级矛盾尖锐到一定程度后，随即在很多国家出现了政权被暴力革命推翻的事例。即便在一些已经建立了普选制度的国家，当任何利益集团不顾其他社会群体的利益，利用民主执政的机会无节制地扩张自身利益时，民主体制也可能随时会崩溃，不管是左派执政还是右派执政都是如此；2、以利己本能作为社会调整核心的社会文化逐渐成熟。这种成熟的标志为：社会成员对游戏规则具有高度的共识；尊重法律的权威；社会成员能较为普遍和自觉地参与社会的日常治理活动。我们不难发现，在当今世界上民主体制运作顺畅的程度与社会成员对游戏规则普遍的遵守程度以及法制的程度大体上是正相关的。3、人们的精神世界是足够开放的。如占据显著主导地位的宗教教义不绝对，对其他信仰相对包容等。在这个问题上，西方文明取得的进步也许比民主的进步本身更为有意义。因为，对以现代主义为主流意识的西方文明来说，民主在一定程度上是对绝对的放弃，是对现代主义的否定。当然，出现这种情况的客观原因是在实践中，任何绝对都会因"绝对不能"而遭到否定。对此西方文明是尝到过苦头的，因而不得不在实践中采取比较实际的态度。其中最为典型的例子就是我们在后面将要专门介绍的自由主义实践经验。

显然，作者在这里对民主的描述与西方一些政治家对民主的描述有很大的距离，远不像这些政治家企图给予人们的印象那样完美。不是我们吃不到葡萄就说葡萄酸，我们从心底感谢西方政治家，特别是那些政治思想家为人类社会进步所做的积极探索，西方现行社会制度所产生的经验对全人类都是宝贵的财富。我们在这里对这个经验进行深入分析的目的不是要贬损它的价值，而是想要通过挤出水分来增加它的实际价值，使它能更好地发挥出应有的作用，并切实地为我所用。

其实到此为止我们在本节提到的民主都只是一种狭义概念上的民主，它仅仅是对社会治理顶层权力交接的一种制度设计，目的是让绝大多数社会成员有机会选择他们的实际统治者。而真正意义上的民主是一个更为广义的概念，它表达的是社会成员直接参与各个层次社会系统组织实践的状况。也有西方学者将这种民主称为积极的公民参与。相对于广义民主概念，被西方政治家标榜为民主体制的社会实际上的民主程度是非常低的，甚至只能算是一种进步了的专制体制，或称被动的权威体制。鉴于这个问题的重要性，我们在本书下编第一章第一节中还将进行专门的讨论。

事实上西方很多政客有意无意地对西方现行体制的夸大宣传，给很多人造成了一种这就是民主全部的错觉，进而天真地认为它就代表了专制的终结，这种夸大具有很强烈的负作用。如果我们真的相信西方现行的民主体制如这些西方政客所推销的那样是一剂适用于所有国家的神丹妙药的话，后果很可能不堪设想。在这方面，俄罗斯人恐怕最有感受。在前苏联解体前夜，大多数俄罗斯人相信民主是灵丹妙药，认为只要过上了民主的生活，明天一切都会更好，因此他们毅然决然地选择了民主。结果他们失去的远远大于得到的，最后大多数人还是回过头来选择了"超级总统"普京，即便在普京实际执政了十多年后的今天，俄罗斯人对普京的拥戴程度也远远高于大多数西方标准的民选总统。

作者虽然也承认不管是狭义民主还是广义民主都具有普世性，但这种普世性并不意味它具有普适性，一字之差谬误千里。我们说民主具有普世性是指在中华文明世界观下的普世概念，即它是任何社会系统组织过程中都不可缺少的治理元素，但它不是绝对元素，不是在任何条件和环境下都要优先的元素，因此它不是普适的。我们举一个较为容易理解的例子，在家庭生活中夫妻两个人协商处理家庭事务是必不可少的，即民主不可或缺，否则这个婚姻是难以维持的。但对不同性格和不同条件的家庭来说，民主协商的内容、程度和方式必然不同，这就决定了不同的家庭需要选用与它们的个性相适应的民主模式，照搬别人的经验是行不通的。别人可以采用他们认为合适的民主将日子过得甜甜蜜蜜，但你照搬过来却很可能过得别别扭扭，甚至导致离婚散伙。西方文明今天的民主模式是西方文化结合西方社会进程不断相互匹配、磨合产生的，水是那样的水，土是那样的土，自然长出的东西也是那样的东西。如果你硬要不顾条件地移植，更大可能得到的是南橘北枳的结果。在这里作者的态度表得很明确，民主是个好东西，西方现行体制在一定条件下，在一定程度上解决了好皇帝坏皇帝的问题，作者写这节的一个重要目的就是为西方文明的成功之处点一个赞，而且作者也主张向西方学习，甚至是更深层次的学习，学习西方文明对利己本能调整的优点。但这种学习是在你的条件基础上的学习，学到的应该是活的知识，而不是死的知识。作者很看不上国内很多民主积极分子，包括台湾和香港地区的政治家和政治活动家的一点是，照葫芦画瓢生怕一点点走样，一副三岁学童的样子，动不动就向老师请教，这个发音准不准，那个拼法对不对？你们也是成年人呀，你们也有思想呀，能不能搞出点创新来呢？如果这点创新的能力都没有，只知道挑起矛盾，不知道如何平抑矛盾，你们又有什么资格成为未来的政治家呢？作者在六年前就曾对一些激进的民运人士说过一句话："（民主）改革就像一辆质量不好的巨型载重卡车在一条路基不怎么好、路标不很清楚、路况又极其复杂的漫长道路上行驶，如果行驶速度太快了，你容易想到的结果是：爆胎了、抱瓦了、陷在坑里了、撞到大石头上了、走岔路了、翻车了……，最不容易想到，也最不容易发生的就是，它能顺利地到达终点"。这句话在当今的阿富汗、利比亚、伊拉克、埃及、乌克兰多少都应验了。作者在这里不是要王婆卖瓜，因为这算不上什么准确预测，在中华文明的世界观看来，这是近乎常识的认知，没什么好吹的。作者只想告诉那些把西方现行制度当真理来追求的人，最好把这个问题想清楚后再行事，社会需要你们的积极作为，但不需要盲目的作为，更不需要把一件好事办成坏事。

曾几何时，一个在历史上大规模殖民掠夺，甚至残杀原住民，由小国变大国，由弱国变强国；一个曾在百年间贩卖了数千万黑人奴隶的文明，却高举起了人权、民主的正义大旗，站在道德高地上指指点点，让所有其他文明黯然失色，有口难辩。就因为它在好皇帝坏皇帝问题上取得了一点点进步，使它有了如今这个资本。瞧，我做到了，你们呢？不都还在黑暗中摸索吗。苦闷呀，明明知道那些道貌岸然的西方政客，今天戳你这儿一下，明天捅你那儿一下，都是为了自身的利益，但你却还不了手，因为小辫子被别人捏着，嘴软，手也伸不直。因为这个进步，西方文明真是获益非浅呀，不仅赚足了面子，还赚足了里子，他们给这种东西起了个名字，叫软实力。有这种实力，可以得了便宜还卖乖；没有这种实力，哑巴吃黄莲，干忍着。当然中华文明实际上并没有那么蹩脚，它虽然有缺陷，不擅长对利己本能的治理，但它更有内涵，有世界观的优势，作者相信好戏还在后面呢！世界舞台的下一幕民主的戏也许更精彩。话题又有点远，本来是想给西方民主制度点点赞的，却连带点了不是，都是我"相对主义坏习惯"影响的结果，说了好的，就忍不住要说点坏的，对不起了，西方民主体制的先行者们，其实作者的坏话是说给那些借民主的幌子捞取自身利益的人听的，是他们坏了民主的名声，把民主变成了一种强权政治的工具。按照中华社会的习俗，如果人们知道有一座墓碑下，埋藏着为民主制度进行过有益探索的西方先辈们，他们会怀着敬仰的心情，每逢清明时节都要把这座墓碑清扫一下，并献上一束鲜花的。

人类社会在大的方向上是不分你我,不分中华文明和西方文明的,我们是一家人。

第三节 最牛的主义

如果就当今哪一个社会科学领域的主义最牛这个议题，请全世界从事社会科学研究的学者进行一次评选的话，作者相信自由主义最有可能赢得这个殊荣。可以这样说，全世界没有哪一个国家的领导人没有受到自由主义的影响，也没有哪一所大学的政治学和经济学的课程表里没有自由主义的位置，当然也就没有生活在世界哪一个角落的老百姓不受自由主义思想所左右。按照西方文明的思维习惯，一个影响越大的主义应当就越接近真理，也就是说它所含的绝对理性成份也就越多，它的发展过程也应当是一个越来越纯正的过程，这种理解虽不能说完全错，但更不能说是对的。事实上，当今占主导地位的自由主义早已经不是早期最纯正的自由主义了，而越来越像"杂交植物"，我们甚至可以这样认为，当今的某些自由主义主要分支已经不能简单地称之为自由主义了，如多元自由主义等。以至于我们今天给自由主义下一个定义已经很困难了。为了本节讨论方便，作者还是要给自由主义下一个定义：自由主义是侧重于探索自由这个因素在社会系统治理过程中积极作用的理论体系。显然作者给出的这个定义是很宽松的，目的就是尽量把支系庞杂的自由主义各个分支包容在内。

本节我们的主要目的是探讨：为什么自由主义相对于其他主义具有更大，也更为持久的影响力？当然在讨论的过程中我们也必不可少地要顺带指出自由主义的主要缺陷。如果按照现代主义的思维逻辑来回答这个问题，其原因自然是由于自由主义更接近真理，因此它必然比其他主义更优越，地位也更加重要。这种认识"不完全错"，由于我们今天讨论问题的语言习惯长期受现代主义的影响，在回答问题时自然不自然地喜欢用对与错下结论，这是一种很不好的习惯，因为东方文明的智慧告诉我们：简单地用对与错来下结论都必然违反老子定律，每当你这样下结论时都会损失有益的思考空间，犯绝对化的错误。为了走出现代主义的语境，作者此处使用了"不完全错"这种表达方式，它首先表明作者的态度是偏于否定的，同时暗示作者也认同其中的对的成份。同样地我们以后也会用"不完全对"来表明赞同的态度。对与错这类回答，只有在指明了适用范围和条件，或适用范围和条件不言而喻的语境下才是可以使用的。以前面的问题为例，当一个社会处于严重不自由状态时，自由才是社会治理的首要选项，自由的意义和地位也才重于其他治理议题。而在一个自由已经得到了充分的保障，过度的竞争已经导致了社会贫富悬殊加剧的社会，平等就显得更重要一些了。如果我们不顾具体现实一味地强调自由的优先地位，那社会肯定是治理不好的。

　　作者以为，自由主义的繁荣发展主要得益于自由这个概念的得天独厚。因为你为了强调自由的必要性，从立论的逻辑上就必须尽量减少对自由的限制，而对自由最大的限制就是绝对真理，因为绝对真理只有一个，它拒绝其他一切选择。虽然大多数自由主义者在潜意识中还是承认绝对真理的，他们只是把自由选择当成一种最终趋近真理的手段，而不是真的把自由本身当作目的，但在具体讨论或实际操作中，他们不可避免地要做一些与现代主义叛道离经的事情。既然我们尚不知道何为真理，那么不断地通过自由选择来趋近这个最终目标就不失为最可行的办法，这时一种对真理的消极态度，就变成了一种克服现代主义束缚的积极态度。正因为如此，自由主义展现出比其他主义更包容，更求变的面貌。形式上为维护自由概念本身的自洽，催生甚至激励了自身发展中不断涌现的批判、再批判运动，并由此保持了旺盛的生命力。

　　首先自由主义理论体系的产生就起源于对绝对真理的批判，特别是对宗教的某些绝对教义和专制政体的批判，这种批判在实践中推动了政教的分离，并为反封建专制的资产阶级革命奠定了理论基础。但必须强调的是，这种批判远不是对绝对真理的自觉批判，而更像是依据经验对非真理的否定。这场理论运动主要的早期推动者英国政治思想家托马斯·霍布斯（Thomas Hobbes,1588—1679）是一位无神论者，他的哲学立场在现代主义内部被归类为机械唯物主义。霍布斯是直言不讳的"人之初性本恶"观点持有者，他认为社会的治理必须，也只能立足于人的利己本能进行。霍布斯甚至将人类社会的治理过程表述为"每个人反对每个人的战争"。同时霍布斯认为基于利己的本能，人们自然地具有辨别做任何事情对自己是否有利的能力，他将这种能力称为理性，并进而将自由解释为：一个人依据自己的判断和理性，用他自己认为最适合的手段去做任何事情的权利[5]。霍布斯认为当利己的本能与理性有机地结合在一起时就可以实现社会的治理。霍布斯对自由主义的贡献在于他高度概括了自由主义的一个核心理念，即假设有一群一样利己的人，并具有基本相同的判断某一行为是否有利于自己的能力，如果他们具有选择的自由，则由这群人组成的社会即可产生出有利于社会整体利益的自发自生秩序。显然霍布斯的理论具有积极的意义，而且大量的社会实践也说明当条件具备时，所谓的自发自生秩序也是普遍存在的。例如，在拥挤的公共场所排队现象的产生就是典型的例子。但与现代主义所犯的毛病一样，霍布斯在本能、理性甚至自由概念本身等重要概念上都犯了绝对的错误：即人的本能除了利己还有社会依赖成份，除了恶还有善的成份；理性除了确定性成份还有不确定的成份；自由也不能脱离平等、公平等其他概念自说自话。因此，前述假设事项都是有条件成立的，而且即便在有条件成立的情况下也具有不确定性。所有的自发自生秩序都不可能是持久和稳定的秩序。大致同一时期的另一位自由主义典型代表人物英国政治思想家洛

---

[5]. 霍布斯，《利维坦》中译本，商务印书馆，1985年，第97页

克(John Locke,1632—1704)对自由主义做了更为全面的论述,他较为系统地讨论了人的财产权利、自由与法律的关系、社会契约、政治分权等社会治理的核心问题,对后来发生的法国大革命和美国建国都产生了深刻影响,被认为是西方现代人权观的奠基人之一。洛克对自由主义的贡献主要表现在通过对绝对权力的否定,加强了自由主义理论体系的自洽性。但洛克同样避免不了自由概念本身与其他概念之间的冲突,当然这个问题是现代主义本身所固有的深层次问题,非洛克一人所特有。总体上说洛克的自由主义理论还是比较温和的,其后的边沁(Jeremy Bentham, 1748—1832)、亚当·斯密(Adam Smith,1732—1790)、密尔(John Stuart Mill, 1806—1873)、奥斯丁(John Austin,1790—1859)等人将自由主义理论推向了所谓的黄金时代,其间自由主义理论基本主导了英国的政治实践长达一百多年。这一时期的自由主义因带有明显的功利主义色彩而受到后人的诟病,如我们将在后面介绍的美国当代政治哲学家罗尔斯。边沁认为人性的本质是求乐避苦,基于这个本性进行不断的自由选择,人类社会最终可以就个人利益的最大化与社会利益的最大化达成一致。亚当·斯密从经济学角度主张放任自由选择,由"看不见的手"自动实现市场资源的调配。作为边沁的弟子,密尔更是发展了边沁的功利主义,认为快乐不仅有量的差别,也有质的不同,由理性、道德情操产生的快乐比仅仅由感官带来的快乐是有本质不同的。密尔用"做一个不满足的人比做一个满足的猪好,做一个不满足的苏格拉底比做一个傻子好"来形容这种质的区别[6]。不管我们怎么归类这一时期的自由主义特点,称之为功利主义也好、经验主义也好、激进自由主义也好,它们的实质都是在追求对自由主义的完美表述,因此从根子上说与罗尔斯的主义没有实质区别,都属于现代主义范畴。

自由主义理论体系无疑对资本主义革命起到了积极的促进作用,

---

6. 密尔,《功利主义》中译本,商务印书馆,1962年,第10页

但同时也自然成为了资本主义主要弊端的理论根源。其中最突出的一个问题就是因过度地强调自由竞争造成了社会贫富差距的加剧，进而引发了社会矛盾的激化，马克思将这种矛盾称为阶级矛盾。阶级矛盾和阶级斗争几乎成为资本主义早期发展阶段的显著标志，正是这种矛盾引发了后来广泛发生的社会主义革命。严酷的社会实践告诉理论家一个事实：在社会治理过程中如果过度地强调自由的作用，在经济领域极有可能导致社会财富向竞争能力强的人集中，引起社会贫富差距的加大；在政治领域则极有可能导致发言权向部分社会地位优越的人集中，引起人们社会政治地位的实际不平等。而这种政治和经济的不平等反过来又会损害部分社会成员实际上的自由选择权利。上个世纪部分国家发生的社会主义革命，也为理论家们提供了观察和体验另一种完全不同的社会治理模式的机会，即强调平等在社会治理中积极作用的模式——社会主义模式。部分敏锐的政治理论家开始反思以往自由主义的理论缺陷，同时一部分自由主义体系外的学者也对自由主义进行了严厉的批判，这引起一部分自由主义体系内的学者发动了对自由主义的改造运动。对自由主义的改造最典型的例子要数凯恩斯主义了。首先约翰·凯恩斯（John Maynard Keynes,1883—1946）总体上仍属于自由主义者，从他的观点"人类的政治问题便是把三件事情结合起来：经济效率、社会正义和个人自由"[7]和他的理论体系看，将其归为多元自由主义可能更为恰当。面对第一次世界大战结束后西方资本主义国家普遍发生的经济危机，凯恩斯指出这是放任自由主义酿成的恶果。凯恩斯在他的两本重要著作《放任主义的终结》和《就业、利息和货币通论》中阐述了国家干预的必要性。但凯恩斯对国家干预的强调并不是对"无形的手"的彻底否定，而是对"无形的手"的必要补充。凯恩斯主义对西方主要资本主义国家化解当时的经济危机起到了相当积极的作用。当凯恩斯盛行起来后很快就出现了自由主义早已预言的那

---

7. 顾肃，《自由主义基本理念》，中央编译出版社，2005年4月第2版，第287页

种情况，即何种干预程度属于对"无形的手"的必要补充完全由统治者主观决断，因此难免出现干预过头的现象，这又给以哈耶克为代表的新自由主义反对凯恩斯主义提供了口实，其实这种你中有我，我中有你，你反对我，我又反对你的情况在现在主义体系中是习以为常的现象，是现代主义本身的问题。

对功利主义最强烈的批判当然来自自由主义体系的外部，其典型的代表人物是马尔库塞(Herbert Marcuse,1898—1979)。由于马尔库塞的观点与马克思主义有广泛的交集，特别是他们的哲学立场都属于唯物主义，因此马尔库塞也被一部分学者视为新左派的领军人物。新左派抓住了自由主义的致命缺陷，即自由与平等的矛盾对自由主义展开了猛烈的进攻，火力之猛甚至一度使自由主义难以抬头。新左派认为，对自由的过度张扬，必然导致对平等、公平等社会其他合理目标的损失，而为了减少这种损失，在一定的情况下让自由作出牺牲是必要的。如当过度的自由竞争带来社会贫富差距的加大时，有必要通过对富人加大税收来平衡这种差距。我们在当今法国奥朗德政府、美国奥巴马政府的政策中仍然可以看到新左派观点的影响。其实即便是早期的自由主义理论家也注意到了自由与平等、公平等其他社会公共目标之间的矛盾，如密尔就曾承认，自由与平等难以完全兼容，只不过他主张以个人自由为第一要义，必要时可以牺牲平等[8]。哈耶克(Friedrich A.von Hayek,1899—1992)更是将密尔的观点发展为：只要市场过程本身是合法而公正的，其具体结果导致谁贫谁富是无可指责的[9]。然而不管自由主义理论家如何辩解，他们都始终摘不清自由与其他社会要义之间千丝万缕的联系，如哈耶克观点的前提是"只要市场过程本身是合法而公正的"，这里合法和公正成为了自由竞争的前提条件，在逻辑上又陷入了"鸡生蛋，蛋生鸡"的循环中。同样对新左派来说也存在类似情

---

8. 同3，第60页，引用时略有改动，作者注
9. 同③，第293页

况，什么时候该牺牲自由换取平等或公平？而又在什么时候可以放任自由？始终没有必然的解决之道。也正因为这个原因，当今的自由主义理论比较倾向于自由与平等的兼顾。从这个角度说，奥朗德向富人征税的政策，奥巴马的医改方案也可以认为是自由主义的兼顾措施。

在自由主义批判、再批判的发展进程中有一个人是必须提及的，他就是约翰·罗尔斯（John Rawls,1921—2002）。罗尔斯在前人的基础上，试图将自由主义的应然问题论证为必然的问题。他于1971年发表的主要著作《正义论》，据说在数年间曾引发全世界七千余种专著作参与相关讨论，其影响可见一斑。与绝大多数人的观点相反，罗尔斯是作者最不看好的一个自由主义理论家，表面上他似乎在现代主义理论体系内前进了一大步，但其实是让自由主义倒退了一大步，因为他的理论体系使自由主义损失了很多生动之处和理论上的弹性。例如，自由选择可以产生随机的自发自生秩序，这是自由主义的一个非常生动的表达，但罗尔斯试图将这种秩序表述为确定的必然秩序，远没有古典自由主义生动，甚至还没有进化论自由主义生动。因此在很大程度上，罗尔斯的理论不如它所批判的功利主义有积极意义。罗尔斯寻找社会正义的确切解的企图，只能是将自由主义带入死胡同。他在论证过程中为提高所谓的严谨性，甚至运用了"无知之幕"这样的数理逻辑假设方法，这其实是非常有害的。因为这类假设只能起到限制人们应当往这个方向去想，而不能往那个方向去想的作用。作者不知道碰到过多少次，人们用罗尔斯分粥的例子津津乐道地来谈论程序正义，好像程序正义可以确定地解决某些社会问题。这正是罗尔斯最失败的地方，因为他大尺度地违反了老子定律。这里我们并不是否定罗尔斯所倡导的社会正义本身，也承认社会正义的确有积极的意义，我们否定的只是罗尔斯对社会正义的绝对表述。善是人人都需要，人人都趋向的，但还是那句话：任何绝对的善，就已经不是善了。作者同样曾不厌其烦地借用罗尔斯分粥的例子，向他的铁杆粉丝说明，即便在他的假设前提下也可以举出很多反例来推翻罗尔斯"正义地分粥"，又何况在没有前提假设的现实社会呢。罗尔斯晚年的观点，如在一定程度上认同重叠共识等，比其《正义论》中的观点要柔和得多，可能是因为"耳顺"了的原因吧。

对自由主义最近一次比较有积极意义的批判，或曰内部改进是所谓的多元主义。多元主义的代表人物当属柏林 (Isaiah Berlin,1909—1997)，一位拉脱维亚裔英国自由主义思想家。在哲学上柏林就是多元论者，他明确地反对一元论。这里必须提醒读者注意，虽然柏林反对一元论，但他的理论体系仍然属于现代主义范畴。这就类似多神宗教与单神宗教的关系。柏林的世界观决定了他的理论体系不可能追求单一的目标，他对自由的向往更多地是作为一种防止最坏情况发生的手段，有人将柏林的自由主义倾向形容为"恐惧的自由主义"是基本贴切的。大多数人认为柏林对自由主义的贡献是提出两种自由的概念，即消极自由和积极自由。但作者认为这种进步是相当有限的，因为在自由这个概念本身与其他概念是否有清晰界限尚存疑问的情况下，在自由概念内部进行分类意义又有多大呢？作者以为柏林对自由主义的贡献在于他对自由的关注表现在自由的必要性而不是自由的必然性。也就是说自由在社会治理中是必要的元素，而不是可以在任何时候都凌驾在其他元素之上的必然元素。另一位多元自由主义的领军人物波兰裔的以色列政治学家塔尔蒙 (Jacob.L.Talmon,1934—) 曾针对集权主义民主说过一段很精彩的话：一、认为有一种先定的、兼容的、自然的、完美的社会秩序，人类必然向这种社会演进并最终达至这一社会。二、它赋予政治相当重要的意义，把实现千年理想王国的希望寄托在政治上，这既意味着依靠政治动员、运动和革命摧毁旧制度，也意味着依靠政治的号召力和组织力量来建设新的乌托邦制度。三、它不是实用主义地就事论事地理解政治，而是全面地宏观地理解，认定所有事物之间都是相互联系的，任何政治问题的解决都与某些根本问题的解决密切相关[10]。虽然达尔蒙没有特别强调，甚至他自己可能也没有意识到，他的上述观点其实也适用于对单元自由主义，特别是罗尔斯式自由主义的批判。认识到自由是不能单独地进行完整叙事的，正是多元自由主义积极之所在。多元自由主义所强调的多种价值观的"重叠共识"与中华文明的和谐、中庸思想有明显相通之处，但比和谐、中庸思想更实在，内容更具体。这是我们中华文明应当学习的地方。

自由主义是闪光的，当然其他主义也能闪光，但自由主义能常常让自己的光芒闪得很亮，这是因为它为了让自由的论述体系自洽就必须更加包容，欢迎不管是来自外部的还是来自内部的各种批判，任你多么尖刻都可以自由表达，并随时进行各种理论调整，只有你想不到的，没有你不能做的。如果说自由主义牛，它就牛在这个地方。自由主义可以说是现代主义体系内的一朵奇葩。

作者以为自由主义很可能是现代主义中最早达至佛教"法灭"境界的主义，不绝对强调自己的作用，但随时不忘自己的职责，在主义的团队中协同作战，共同完成社会和谐稳定的使命。

作者注：本节主要史料取材于《自由主义基本理念》，顾肃著，中央编译出版社，2005年4月第二版。

---

10. 同3，第321页

第四节 科学的证实

　　科学技术对西方文明的优越最具"证实"的效用。为什么这么说呢？回顾西方文明的发展历程，我们不难发现这个体系的三大支柱哲学、宗教和自然科学技术的前两个支柱都经历了一个由盛而衰的过程。首先是宗教出现了现代主义体系意义下的褪化，这种褪化表现为三个由强变弱，即：基本教义的绝对性由强变弱；神的发言权由强变弱；对社会的组织角色由强变弱。虽然这种褪化对社会的进步来说益处远大于弊处，但从现代主义立场上看这不能不说是"领土的丢失"。其次是哲学，在经历了数次小规模的繁荣与衰落后，它能带给体系内信众的欢乐越来越少了，最近的一次恐怕就是我们在上节曾提到的罗尔斯正义论了，但也是昙花一现而已。现代主义哲学从上个世纪，甚至更早就已经开始呈现出破碎化的趋势，被划分为政治哲学、经济哲学、法哲学、科学哲学、宗教哲学、艺术哲学、伦理哲学等等，而且在这种分段叙事中也难有可歌可泣的"英雄事迹"。三者中只有自然科学还叫得响，它所缔造的大多数定律和等式仍然被很多人毫不怀疑地使用着，甚至不少人直接就认为这些定律是绝对真理的化身，它的一台台"大戏"，如"宇宙大爆炸理论"仍然在上演着，"看客"也依然踊跃。可以说没有科学技术的"支撑"，现代主义的腰杆挺不到今天。当然会有人为科学技术抱不平，我们这样说好像是将科学技术视为助纣为虐的恶魔、尽管它的确有这样的嫌疑，但在本节我们却主要是为科学技术唱赞歌，而且是大声地唱。至于恶魔不恶魔的事，放在本编第二章第四节再去讨论。这里大家只要记住一点就行了，科学实验证实的是事物在一定条件下表现出的确定性，但所有这些证明都不是对绝对确定的证明。记住了这一点，在我们对科学证实方法进行赞扬时就不会产生太大的负作用。

西方现代科学技术的发展在很大程度上要归功于科学实验这种证实的方法，甚至我们可以说，西方科学技术是建立在科学实验证实基础之上的。而所谓的科学实验就是在一定条件下对事物的确定性进行可以重复的验证过程。显然，证实需要具备四个条件：一、相同的条件；二、相同的观察对象；三、相同的结果；四、可以无限制地重复。科学之所以称之为科学，就是因为它可以产生经过证实的知识，而这种知识可以向没有实际参与实验的人直接传授。当然传授知识的人实际上有义务向接受者告知实验的条件和范围，但由于通常实验的条件要比现实生活的环境严苛许多，因此人们往往将这种告知责任忽略了。

科学实验证实方法对人类认知世界的重大贡献在于，它提供了一个探寻事物确定性的行之有效的途径。这种方法本身是与事物的普遍规律相符的，即与我们在第一编第一章中概括的中华文明世界观是不冲突的，而且不仅不冲突，如果使用这种方法的人具有自觉的中华文明世界观，反而会对他的研究工作大有帮助。关于这一点我们将在第三编第一章第一节中具体讨论。

我们知道根据中华文明的世界观，世间所有事物都是确定性与不确定性的共同载体。这就决定了：一方面我们对事物的认知主要来自对事物确定性一面的认识；另一方面不管我们对确定性的掌握多么地确定，在这种确定性的背后一定还潜伏着不确定性，即任何确定性都是有限的确定，都有展现确定性的范围和条件，超出一定的范围和条件后，确定性又会表现出不确定来。这意味着我们要认知事物就必须同时去做这样几件事：一、从事物的不确定背景中提取确定性的信息；二、不管我们提取的确定性信息多么"确凿无疑"，都要自觉地去寻找它们的适用边界；三、即便我们找到了一种确定性信息，也找到了这种确定性适用的边界，也并不意味这个知识就是完整的，因为如果是完整的就违反了老子定律：知识可知识，非完整知识。这种不完整性更多地表现在边界处，任何确定性在边界处都会显现出不确定来，它自然地又成为我们探索新的确定性的源泉，因此对知识的探索是永无止境的，不仅对人类的整体知识如此，而且对任何一个具体知识也如此。

既然我们说知识是人们对事物确定性的认识，那么就有必要解释一下什么是确定性。实际上这样一个看上去很好回答，似乎连三岁小孩子都能给出答案的问题，远没有你想像的那么简单，因为它直接面对的是所有事物都具有的基本特性。这里我们先不展开讨论，只给出一个符合中华世界观的定义：确定性是事物有序的程度。显然这个定义与中华世界观并不冲突：首先，定义将确定性表述为一种程度，使其对事物的另一面不确定性是完全包容的，由此间接地指出没有绝对的确定，当然也没有绝对的不确定；其次，定义将确定性等价为有序表明在一定的范围和条件下，确定性可以重复表现，并可以显现出更确定的方向特征，使我们可以对其在未来一定区段内的行为进行合理的预期；另外，这个定义与我们大科学体系的其他重要概念如系统、组织、熵等合理衔接，使确定性的内涵更加丰富。对这些概念的详细讨论我们将在大科学大视野一章里进行。届时我们会通过原子和分子的发现过程，元素周期表的发现，对比中华文明的不足。

讨论到这里，我们不难发现：科学实验的证实方法是符合上述我们对确定性的定义的。这说明只要是经科学实验证实的确定性，在实验所限的范围和条件内是值得信任的。还说明西方科学技术发展过程中实验所积累的大量成果是可以被人类知识库继承的，这无疑是西方文明对人类社会发展的巨大贡献。

已经读过本书前面内容的读者一定会产生一个重大的疑问，即：既然西方的科学技术属于现代主义范畴，那么为什么现代主义的绝对世界观没有对其产生致命影响，反而促进了它的蓬勃发展呢？这主要归因为"绝对不能"，所谓"绝对不能"是指：由于世界本不存在绝对，因此人们在进行科学实验的过程中不管将实验条件设计得多么严谨和精细都不可能做到绝对。正是这种"绝对不能"使得任何由实验产生的结果都对不确定性有足够的包容，只要我们不轻率地将这些结果在超出实验条件的范围使用，一般都不会出现太大的偏差。但问题会出现在科学研究的演绎和归纳推理当中，因为不管是演绎还是归纳都偏重于逻辑分析，很容易轻率地将一种确定性移植到另一个事物身上，或者将事物局部的确定性扩展到整体。虽然，演绎和归纳推理在数学中普遍运用，且得心应手，因为数学本身就是一种假设的绝对环境，可相当程度地避免范围和边界之忧，但如果将其直接用在非纯粹的数学环境下则必然要产生问题。例如，牛顿在推导万有引力定律时就"出色"地运用了推理的方法，当然同时也就"出色"地将现代主义的问题埋藏在万有引力定律的等式中。现代科学早就发现万有引力定律在高速、强电磁场及微观条件下具有明显偏差，这种偏差的来源就是无条件地将有限的确定性扩展到无限，犯了现代主义绝对的错误。其实，所有的经典物理等式都存在类似的错误，包括爱因斯坦的广义和狭义相对论等式，这些等式从本质上说都应该是有限制条件的约等式。对于这个问题，我们在大科学大视野一章中还将详细讨论。

从广义的角度说，人们日常生活的经验也是实验证实的过程，但为什么我们在日常生活中的很多经验移植到其他地方时就不灵验了呢？如我们在选择配偶、组织家庭、人际交往、教育子女、治理社会等产生的很多经验一旦被移植，其效果往往大相径庭。这是因为人们在对待经验时常常忽略了经验产生的条件和环境，以及产生经验的个体差异，将经验当成普遍适用的确定性所至。其实，如果人类的感知能力比任何实验仪器还要灵敏，我们也能察觉出那些经由科学实验证实的知识也不是确定的，它们也不能被任意地移植。在这个问题上，佛教的世界观和被西方文明抛弃的普罗泰哥拉的观点是对的，即世间没有绝对一样的事物，从这个角度说世间也没有绝对的证实。

科学实验证实方法的另一个重要贡献在于，它在相当程度上从现代主义内部修正了世界观的致命缺陷，并使西方文明逐渐养成了争强好胜，积极进取，严谨求实的性格。凡事都要经过实验的证实，客观上避免了很多荒唐和极端的事情的发生。你可以对事物进行各种大胆的假设，但是否成立决定权在科学实验。虽然很多西方科学家是抱着探寻绝对真理的目的进行科学研究的，但科学实验证实方法本身却是扎扎实实行之有效的。这种目的与方法的背离，本来是兵家大忌，在这里却成了意想不到的优点：错的目的变成了好方法的巨大动力，最终使得西方科学技术硕果累累。当然，如果将眼光放得更长一些，视野更宽一些，这种方法也有其消极的一面，即迟滞了人们对现代主义的彻底反省。

第二章 原来它的地基不稳

第一节 借一只碗讲主义

什么是主义？简单地说任何一种有个性的思想都可以冠以某某主义。这个定义具有较大的包容性，但概括性较弱。按照作者的理解，一个可以称得上主义的东西，应当具有如下特性：围绕某一个或某几个概念展开，以解决某些社会问题为目的，符合一定的逻辑规范，具有一定自洽性，但又没有被人们普遍接受的理论体系。如我们在上节讨论的自由主义就是一个典型的主义，它围绕自由这个概念展开，论述自由对社会治理的作用，自身也具有相当的自洽性。

在本节我们将要讨论的主义则是更为典型的理论体系，或主义中的特殊群体，即哲学中的主义。当然我们不可能在这么小的篇幅里将所有的主义讲清楚，事实上也不可能讲得清楚，因为即便是这些主义的创造者本人也不可能将其完全讲清楚，如同我们在讨论老子时的情况，老子虽然提出了老子定律，但老子自己也并没有将其讲清楚一样，根本原因还是"主义可主义，非可完美表述的主义"。作者其实很不赞同大多数对主义的定义，因为主义与主义之间并没有严格的界限，而且这种界限越是在细节就越是模糊,作者在这里仍按传统的主义定义去介绍主义只是希望能籍此调动出广大读者自己的思想,能帮助读者去悟,仅此而已。

在讨论前请读者准备一只碗和一个小硬质球,如钢球或跳子棋玻璃球,不是作者在故弄玄虚,这两件道具对读者进行思考是很有帮助的。手边没有道具的读者,也可参见图2-2-1-1。

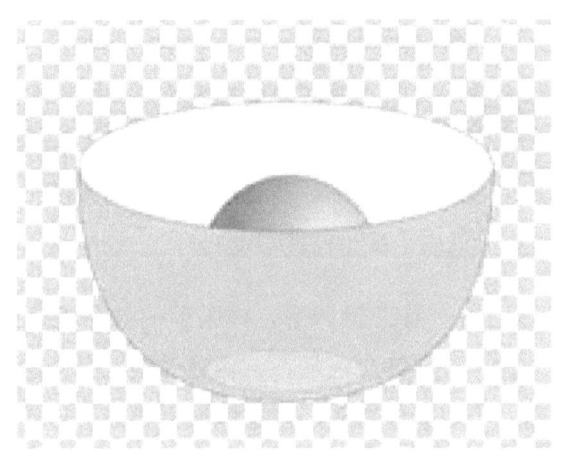

图2-2-1-1 一只盛有一个钢球的碗

准备好道具后,将球放到碗里,然后尽量排空杂念,宁静地去思考我们的第一个问题:对小球来说,碗有最低点吗?注意你千万不要轻率地下结论,而要从实际的可操作性和最低的含义各个方面进行综合分析,多问几个为什么后再下结论。在这里作者是在引导读者当一回哲学家,大家对自己一定要有信心,你们的智慧是足以应付下面的讨论的。认认真真地面对一次这样的挑战,或许对你们今后的一生都是有益的。对前面的问题，你们的答案出来了吗？如果得出了，请把它郑重地写下来，然后再参与我们的讨论。

对这个问题现代主义各个主要分支或称主义都认为是"有"的，即碗对钢球来说是有最低点的。而中华文明哲学的主要代表人物老子，以及佛教的教义都认为是"没有"的，即碗对钢球来说没有所谓的最低点。因为，如果有最低点，那这个"最低"就是一种完美表述，或者说是绝待，是违背我们前述的中华文明世界观的。具体说，事物之间没有绝对的因和绝对的果，产生"最低点"的因：如果从力的角度说是地球的引力；如果从方向的角度说，我们应当有一个绝对的方向参照点。然而，地球引力并不是绝对的，方向参照点也不是绝对的。而且，由引力和方向再往下追究，我们还将不断地遇到新的概念和因素，它们也都不是绝对的。但是当你看到小球稳稳地停在碗的底部时，难免要产生怀疑，如果没有最低点，那小球能不动吗？

读者再仔细地看一看，想一想，你眼前的球和碗，它们是绝对圆、表面绝对光滑、边界绝对清晰、结构绝对刚性吗？这里没有一项是绝对的。的确，小球能停在碗的底部区域主要是引力作用，但小球能保持不动与凳子保持在地面上不动的道理是一样的，都是由于多点支撑的原因。而且小球也不是绝对的保持不动，只是你感觉不到它在微弱地抖动而已。分析到这里，我们还未进入问题的真正核心。为了将问题简化，下面我们将条件放宽，把碗抽象为一个半圆，把球抽象为一个圆，如图2-2-1-2所示。将问题一抽象为图2-2-1-2有没有最低点的问题。这时那个点好像越来越清晰了，不就是球和碗接触的那个点吗？确实这个点在几何学的概念里唾手可得，一个三角板，一个圆规轻易可以画出。但它能真的存在吗？在已经做了那么多简化的图2-2-1-2情况下，我们只需要考虑一个因素，即地球引力。只要假设地球引力恒定地保持一个确定的方向，则最低点的概念似乎就能成立。这时寻找最低点问题就被等价为寻找地球引力的恒定问题,其实这种思考模式正是现代主义内分出众多主义的原因,将对绝对真理的探寻转化为对某一概念或某些概念的纯洁性的探寻,并以这些概念为核心形成各种相应的主义,如唯物主义、唯心主义、经验主义、相对主义、机会主义……

回到图2-2-1-2所示问题,我们来分析一下,如果地球引力保持恒定这个假设成立,它意味着什么呢?它意味着:别说地壳运动、大气环流、其他星体的干扰、江河奔腾这些大规模活动不能有;连你的眼睛眨一眨、心脏跳动、甚至一只蚊子翅膀的摆动都算是大动静了;就算地球上根本就没有生命,没有大气,没有水,但分子、原子、电子总得动一动吧,对不起,这样的运动对绝对来说也是不能容忍的。别再想下去了,显然假设地心引力恒定是根本不切实际的。事实上,不管是哪种主义,它都没有在绝对上迈出第一步,即让自己的核心概念足够的纯洁。因此它们始终都停留在主义上,而不能演绎出绝对真理。老子用他的定律,早在两千多年前就已经预言了,这些主义不可能成功,"主义可主义,非恒主义"。

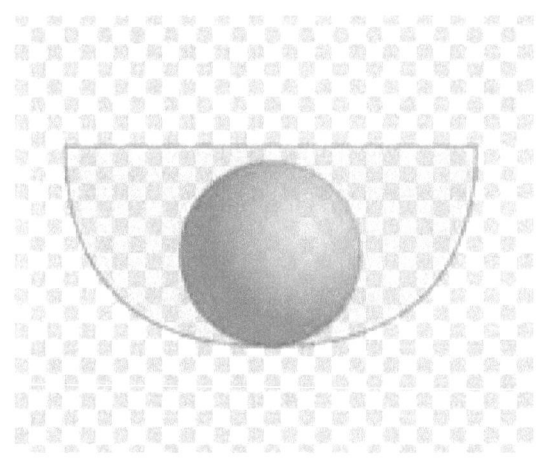

图2-2-1-2 简化的碗和小球示意图

但是，事情如果像作者讨论的这样简单明了就好了，凝视冥想图2-2-1-2，作者相信大多数读者都对它恋恋不舍，怎么看图2-2-1-2，最低点这个意识怎么都挥之不去，仿佛那个真理就在眼前。其实这只是作者刻意地为你制造了一个产生这种意识的特殊环境，在这个环境里作者有意地将大多数不确定性"歼灭"了，只留下个别核心条件让你往"套子里"钻，这也是哲学家们经常采取的"策略"，如我们在讨论自由主义时曾提到过的罗尔斯使用的"无知之幕"就是最近一个很典型的例子。当然在很多情况下要将讨论集中于焦点问题，这也是不得已而为之，如在这里作者"下套"的目的，并不是真的为了让你"入套"，而是为了让你增强识别这类"套子"的能力。

由于在实践中绝对是不能实现的，退一亿步说起码至今还没有人实现，因此哲学家们退而求其次，将对真理的追求化为对事物规律认识上的一致，注意作者在此处是说认识上的一致，而不是说规律本身的确定无疑。这种做法基于这样的逻辑：如果绝对真理存在，那么人们对这个绝对真理的认知就应当是一致的，或最终可以归为一致。虽然认识的一致只是绝对真理的一个必要条件，是一种比绝对真理要弱的确定性，但却开辟了一个广泛的战场，有利于发动追求绝对真理的"人民战争"。再往下说，要实现认识上的一致，首先就是要找到可以建立共识的认识基础，图2-2-1-2中那个你挥之不去的"最低点"就是这样的一种认识基础。在如何产生认识共识的方法上，就一些核心概念人们产生了"细微"的分歧，就是我们所熟知的，主观、客观、唯物、唯心、相对、经验、功利等等概念。一定会有读者站出来反对作者的说法，特别是有些哲学功底的人更会首先跳出来，他们会说唯物与唯心、物质与精神的区别是本质的，而不是细微的，就像人和猪的区别一样。作者记得苏格拉底也曾借用人和猪的区别来驳斥普罗泰哥拉的，好在是作者在写书，而不是作者在参加什么公众辩论，否则作者可能再也没有机会为自己辩护了，猪还是好的，很可能是猪狗不如。

我们把条件再放宽一些，用区别更为明显的人与石头来说明作者为什么用细微来形容物质与精神的差异。毫无疑问生命发展到今天人类这种程度，如果让我们说人和一块石头的区别，没有人会分辨不出人是有生命的，石头是没有生命的。但是如果我们不断地往前追溯，从生命的起源阶段进行分别，生命和非生命的差别就非常细微了，甚至细微到你根本就无法将两者区分开来，因为你会发现在这时非生命有生命的特征，生命也有非生命的特征。反过来说，如果此时生命和非生命的特征仍然非常明显，它们之间是不可能相互转化的。其实世间所有在表面上有质的区别的概念对，在它们的分界处都是模糊的，是你中有我，我中有你的关系。基于同样的道理，所以我们说所谓的物质与精神，存在与意识，主观与客观，主体与客体等等概念对，在它们的起源处，或者说在它们的分界处是没有必然的区别的。又或者说区别主要在于你往下论述方式的侧重点：如果你采取的是"意识流"表达方式，那就是唯心主义；如果你采取的是"写实风格"的表现形式，那结果可能就被称为唯物主义；如果你根据实际经验不断地变化表现方式，那就会被人说成是经验主义；如果你是根据事先设置的评估体系，通过不断对效果好坏进行判断来展开讨论，那自然就有人说你是功利主义；如果你过于强调人的主观作用，又会被归为相对主义。由此可见，现代主义这个"大帮派"里的"小兄弟"就是这样被不断地发展出来的，但万变不离其宗，它们有一个共性，都追求某种意义上的绝对，这是它们的"帮徽"。

下面我们举二个实例来帮助读者加深认识。

例一、康德的"照相机"

为了寻找认知的共识，德国古典哲学创始人康德 (Immanuel Kant,

1724-1804)采取的方法是通过分析人感知世界的过程寻找规律。作为常识我们都知道，一架再精密的照相机也不可能完全不失真地拍下目标物体。康德将人的眼、耳、鼻、舌、手、皮肤等所有能帮助人感知外部世界的器官整体也当成一架特殊的照相机，他指出：人的这架特殊照相机在"拍摄"外部景物时也必然有失真。换句话说，人类所感知到的世界并不是它本来真实面貌，而是被人的感觉器官"扭曲"、"省略"、"遗漏"了的产物。他因此认为：我们看到的花园，是经过眼睛筛选后所接受的影像，不是真正的花园。我们永远无法了解物体被知觉前的"物自体"，人这种生物天生就戴着有色眼镜[1]。其实按照老子定律，康德的表述是对的，因为："感知可感知，非恒感知"。在寻求共识的方法上，康德分别批判了由洛克、休谟等人领衔的经验主义，即一种主张一切知识必须以经验为坚实基础的主义，和由笛卡儿为代表的理性主义，即认为人的理性可以不借感官之助实现对世界的理解的主义后，同时也分别继承了他认为这两种主义各自包含的优点。康德试图将两者综合起来，走一个中间路线，或曰重叠共识。康德的三大批判书的前两本《纯粹理性批判》和《实践理性批判》实际上就是在做经验主义与理性主义重叠共识这件事，可见康德的批判也并不是绝对的批判。他认为：经验对知识的产生是必要的，但具有太多的不确定性，因此还需要理性的帮助才能将经验转化为知识。

康德是作者最为欣赏的西方哲学家之一，其中一个重要理由就是他太像中华文明的思想家了，将老子定律和中庸思想都运用得相当有火候。如果说他有缺陷，主要就是对佛教的"悟"还欠了一些。也正是这个欠缺导致了康德在世界观的选择上站错了队，他认为虽然理性和经验都不能必然地探寻到绝对真理，但是绝对真理在人的直觉中是存在的。就如我们虽然不能证明上帝的存在，但上帝应该是存在的一样。<u>因此康德最终被盖棺为唯心主义</u>。在唯心主义的阵营里，康德的观点

---

1. [英]尼古拉斯·费恩著，《尼采的锤子》，新华出版社，2010年1月第一版，第102页

被细分为"直觉主义"。

《判断力批判》可以说是康德三大批判中的败笔。一大败笔是：认为神对宗教是必要的，这实际上为各种原教旨主义提供了存在的理由；二大败笔是：认为人的本性中潜伏着至善，这为日后罗尔斯的《正义论》提供了思想源泉。唉，可惜呀康德，最终没有走出现代主义的束缚。

我们回到图2-2-1-2，借此图再梳理一下理性主义、经验主义和唯心主义寻找共识的区别：理性主义认为总有办法证明不是"最低点"的"点"，一定比"最低点"高，从而达至"最低点"；经验主义认为我们通过经验总能感觉出不同点之间的高低差异，从而达至"最低点"；康德则认为两者都不是绝对的，需要取长补短。康德认为那个所谓的"最低点"存在于我们的本能中，用柏拉图的例子说：尽管我在黑板上画出一个矩形和一个圆，它们只是很接近矩形和圆，但大家还是都会不约而同地认为我画的就是矩形和圆[2]。同样的道理，康德认为大家会一致地认为存在一个"最低点"，这是一种本能。在批判了理想主义和经验主义的"绝对能"后，康德为什么又认为人的本能"绝对能"呢？这是康德的问题所在。

例二、普罗泰哥拉的相对

普罗泰哥拉认为所谓的"最低点"与其他非最低的点没有本质上的区别，如果我们将图2-2-1-2画成图2-2-1-3，原来的"最低点"就变成了非最低点，而原来的非最低点则变成了"最低点"，因此所谓的"最低点"与其他点只有相对意义。普罗泰哥拉否定"最低点"的绝对意义是对的，另外只要我们所给出的条件不是绝对的，相对性也是必然存在的，如在地球引力不确定的情况下，碗底部区域的所有点都可能是最低点，

---

2. 王芳著，《哲学原来这么有趣》，化学工业出版社，2013年1月，第017页

这时最低点就表现出相对性。但千万记住，相对性本身也是有条件限制的，如在我们的例子中这种相对性就是受地球引力的波动范围限制的，如果随意地将其扩大就必然产生矛盾的后果。例如在实际生活中，对一场战争而言会存在所谓的战略要地，战略要地的得失会对战争产生比其他非要地的得失更为巨大的影响，指挥员如果不清楚这一点，他指挥失败的可能性就会显著加大。普罗泰哥拉的问题就在于他否定绝对的同时，走向了另一种绝对，即试图在相对性上达成共识。表面上，好像相对主义走出了现代主义体系，但实质上还在现代主义体系内，这也是普罗泰哥拉为什么没有能够最后成为西方"老子"的根本原因，在他的思想中缺少了"道可道"这种意识。

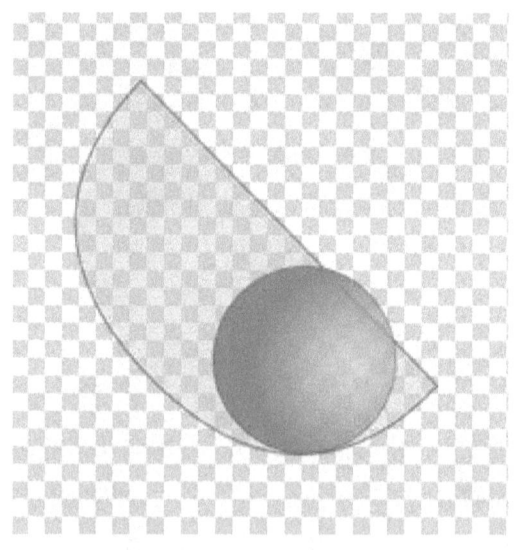

图2-2-1-3 最低点的相对性示意图

通过前面的例子，相信读者已经对现代主义林立的"派系"，以及各个"派系"之间相互倾轧的现状有了一定的了解。那么，为什么出现这种情况，本来都是"一家人"，目标都是一致的，即追求真理，怎么非要斗得你死我活呢？对这个问题，经过前面的阅读，想必读者已经有了自己的答案。因为现代主义本身就是一个矛盾的体系，即追求绝对的目标和"绝对不能"的实践之间的矛盾。首先，世间本来就没有绝对真理，当然在实践中是根本实现不了的，这就叫真理实践的"绝对不能"。其次，由于现代主义者在主观上并不承认不存在绝对真理，因此将追求真理作为自己的奋斗目标。这就产生了现代主义理论与现代主义实践的根本性矛盾。再因为假设的真理只有一个，那么当一种理论一旦认为自己是真理时，就自然会将其他一切理论视为敌人加以反对。作者将这种现象称为第一种人战争。所谓第一种人是指具有现代主义世界观的人。第一种人战争又分为典型的和非典型的、显性的和非显性的。所谓典型的第一种人战争是指，战争的双方都具有鲜明的信仰互将对方视为敌人，如最近发生在伊拉克的战乱；而所谓非典型的第一种人战争是指，战争的一方具有鲜明的信仰色彩，将对方视为敌人，而战争的另一方并没有明显的信仰色彩，也未将对方视为敌人，如在我国发生的数起恐怖袭击事件就是非典型的第一种人战争。显性的第一种人战争是指，战争直接导致流血冲突，我们前面所举的例子都属于显性的第一人战争；非显性的第一人战争是指，战争主要体现在道德说教和软实力较量上，如西方国家不顾具体条件对第三世界国家进行的道德说教就带有一定的非显性第一种人战争色彩。需要注意的是，非显性第一种人战争并不是不明显，也不是不激烈的战争，如西方国家发动的各种颜色革命就属于既明显，也激烈的非显性第一种人战争。容易想见，现代主义越是盛行，爆发的第一种人战争就越激烈，频度也更高。应当承认西方的价值体系并不是没有合理成份，甚至还可以说很有些合理成份，但是如果不顾适用的环境和条件强行"推销"，那就不是善，而是恶了。我们环顾一下在伊拉克、叙利亚、乌克兰、利比亚所发生的情况，就不难看出这一点。

可以毫不夸张地说，只要有现代主义存在，第一种人战争就有随时、随地爆发的可能，现代主义是人类社会最大的麻烦制造者。显然要预防和减少第一种人战争，最有效的方法就是转变人们的世界观，从根子上入手。

今天（2014年7月8日）在《参考消息》上看到一篇很好的文章，题为：美国重蹈古罗马覆辙？文章的两个主要观点，制度优越不能保持永恒和民主延续需要不断反思都很有见地。读者是不是也能从中品出点老子的味道："优越可优越，非恒优越"。虽然该文章的观点缺乏系统的理论支持，但这种精神是很值得赞赏的。这说明西方文明内部的有识之士已经开始意识到，西方文明大厦的现代主义地基是不稳固的，它是不能一劳永逸地支撑起这幢看上去仍很亮丽的大厦的。请读者注意，作者的话外音不是希望有朝一日西方文明这幢大厦轰然倒下，而是希望看到西方文明能构筑得更科学，更持久地传承下去。

第二节 妄想的历史终结

中华文明与西方文明在对社会制度认识上的最大区别是：中华文明认为社会问题没有最终的解决方案，即没有一种社会制度可以一劳永逸地解决社会问题，用老子定律表述为："制度可制度，非完美制度"；而西方文明则认为社会问题存在最终解决方案。但在如何理解最终解决方案问题上，存在隐性与显性两种认识：所谓隐性认识是指，虽然在理论表述上并未直言自己的方案就是最佳解决方案，甚至还公开否定这种方案的存在，但在其理论体系和研究方法中我们可以看到绝对意识的影响，最典型的隐性认识理论莫过于我们此前分析过的自由主义理论体系。所谓显性认识是指，其理论公然宣称已经彻底解决某一或某些社会问题，在当代政治领域较为典型的一个例子就是美籍日裔政治理论家福山(Francis Fukuyama,1952-)，他的代表观点就是所谓的历史终结论。在今天由于饱尝了失败的苦果，大多数现代主义理论家已经转入了"地下"隐性的游击战，福山是少数仍旗帜鲜明地叫板老子定律的理论家。现代主义的矛盾性格在福山的理论上得到了充分的体现，他将自己的哲学观点归为辩证唯物主义，甚至曾自称是马克思主义者，也正是这个原因他在中国一度很有人缘，曾于2003年访问中国，并在复旦大学做了题为《历史的终结及其现实挑战》的演讲。但福山在社会治理的核心价值取向上却与马克思走向了对立，选择了自由主义。经福山理论"沙盘推演"得出的结果是，自由主义民主是社会治理的终点。虽然福山在1989年首次在《历史的终结？》一文中提出这个观点时是打了问号的，并将其解释为仅仅是一种历史哲学的比喻而已，但在作者看来他的观点已经足够绝对了，之所以打上问号是因为现实的"绝对不能"，而非主观上的不想绝对。

我们刻意在"借一只碗讲主义"一节中"遗漏"了黑格尔（Georg Hegel, 1770-1831）这位伟大的现代主义哲学家是因为本节还要谈到他。如果我们说福山得出"历史终结论"所用的理论工具之一是黑格尔的辩证法，相信一定会有读者，特别是中国的读者感到极为诧异，怎么马克思主义的理论工具被福山用来得出与马克思主义理论完全相反的结果呢？但这就是事实。这正印证了我们在"借一只碗讲主义"一节中曾提到过的观点，现代主义体系内的各个主义在源头处的差异是非常细微的，是你中有我，我中有你的关系。由于绝对真理并不是一种客观存在，所以不同的理论家一旦将某一观点视为真理时一定是他的主观意识在起关键作用，即便他声称自己是唯物主义者，但此时他实际上已经违背了当初的"信仰"，这不是信仰够不够坚定的问题，而是"信仰"本身就不能被"坚定"的问题——唯物与唯心之间本来就没有绝对的界限。因此从唯物的观点出发，最后得出唯心的结果，由相同的理论工具出发，得出截然不同的结果，这类现象就见怪不怪了。为了帮助读者搞清楚这个问题，有必要再回到图2-2-1-2，我们来分析一下辩证法追寻真理的方法。

首先我们留意一下身边发生的任何一场就任何话题展开的辩论，你只要认真倾听辩论双方的观点就会发现他们都有对的成份，也都有不对或偏激的成份，即便在那种几乎一边倒的情况下，被驳得体无完肤的一方也不是完全的没有道理。当然读过本书前面内容的读者已经可以从中华文明的智慧中知道这种现象是极其自然的现象，因为老子定律告诉我们"辩可辩，非恒辩"。大约二百五十多年前，德国哲学家黑格尔也发现了这一普遍现象，但他对此的解释与老子不同，他认为：一种信念、体系或生活方式，都存在着与其冲突的对立面，最后融合了两者最好因素的事物，便会在两者的对抗中出现。往往用不了多久，这个新生事物又会遭遇到它的对立面与之抗衡，然后再形成包容了对立双方优点的下一个新生事物，依此类推每一次新生事物的产生都意味着人类历史的进步，而且这种被黑格尔概括为"正-反-合"或曰"辩证法"的运动过程最终会将人类社会带至它的归宿，一种完美自由的状态[1]。将黑格尔的方法用在图2-2-1-2中，黑格尔认为不管我们当前处在什么位置，只要目标是确定的，力图趋向目标的正方虽会受到来自反方的干扰，在本例中所谓反方干扰是指，对"最低点"方向判断错误更大的一方，在综合了各种判断的优点后，新位置的选择总能减少对正确方向的误判从而达到一个相对于"最低点"更近的位置，即"合"的状态。如果该新的位置不是"最低点"就一定会被感受出来，并引发新一轮选择，然后在综合了各种选项后，又会产生出新的"合"状态，即下一个更新的位置。依此类推我们最终总能达至那个"最低点"。

  应当承认黑格尔的观察和总结具有相当积极的成份，日常生活中这种情况在一定的条件和范围内的确大量存在，如：密码的加密与解密、软件的保护与黑客的进攻等都是很典型的不断通过"正-反-合"运动过程实现技术提升的例子。但我们不赞同黑格尔的最终结论，即这种"螺旋式"上升的结果可以最终达至一个终点，从而彻底解决某一问题。实际上黑格尔犯了一个矛盾前提的错误，即假设有绝对的最终目标和判断是否处在绝对目标位置的绝对标准存在。因此，黑格尔是在假定存在绝对真理的情况下，就如何找到这个真理进行叙事，而不是就是否存在绝对真理进行叙事。事实上，在图2-2-1-2中由于引力的不确定，水平参照的不确定，我们是不能必然地感受出一个点比另一个点"更低"的。因而"合"的结果也就不必然地更趋近所谓的"目标"，更何况你的目标本身也不是绝对确定的呢。即便在密码加密与解密这样目标非常单一的例子中，我们也不可能做到绝对，即最终产生一个一旦加了密就永远破解不了的加密方法。其道理很简单，任何一个加密办法本身都必然包含了破解的方法，最起码可以按照你的原路退回去嘛，即加密

---

1. [英]尼古拉斯·费恩著，《尼采的锤子》，新华出版社，2010年1月第一版，第119页

本身也是解密，加密方法本身就是解密方法。

谈到黑格尔，有一个人必须要提，他就是我们中国的伟大思想家毛泽东。毛泽东在黑格尔思想的基础上提出了一分为二的观点，即事物都是一分为二的，不管你从哪个角度去观察，它们都有积极的一面，也有消极的一面。不少人认为一分为二的观点只是黑格尔辩证法的毛氏翻版，其实这是大错特错的。在作者看来，毛泽东的一分为二观点是将辩证法大大改进的一步。读者很快可以从下面的讨论中看到这一步的实际意义。

我们再借示意图2-2-2-1进一步分析黑格尔理论的缺陷。按照黑格尔的理论，社会经过一轮的"正-反-合"整理后，社会问题一定会被"咬下一口"，即减少。然而按照毛泽东的一分为二观点，这种情况并不是必然的。这源于毛泽东与黑格尔对解决社会问题的解认识不同。黑格尔认为解是可以不断改进的，虽然不能一时做到净解，但可以通过不断地改进最终做到净解，即只解决问题而不产生新的问题。

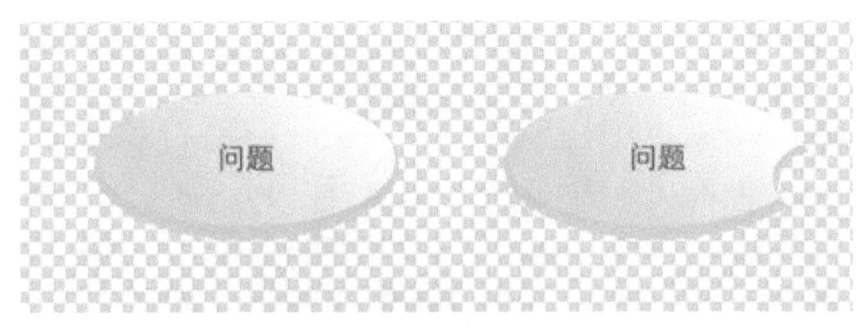

图2-2-2-1 社会问题的解非恒解

如此这般，最终的结果自然是，问题这张"大饼"一口一口地被解"吃完"，不管问题原来有多大。但如果我们将一分为二的观点引申，就会得出与黑格尔不同的观点，即不管问题原来有多小，最终都不会被解"吃完"。这是因为解本身也是一分为二的，这表现在如下三个方面：1、一个问题的解既是解也是问题，即它在"咬下一口"原来问题的同时，可能会在其他地方增加了新问题；2、由于解的加入，使得原来的问题系统增加了新的元素，旧系统变成了新系统，因此很可能使原来简单的问题变得更为复杂，使易解的问题变得更难解，使明显的问题变得更隐蔽；3、解与问题是互动的关系，解的介入会引发问题的主动应对，产生对解的"抗体"，发生变异，这很像抗菌素与细菌的关系。解的上述特点决定了，在社会问题的治理过程中，社会问题并不必然地会被减轻。当然在解决具体社会问题的过程中，是存在解的好坏概念的，但这种概念是受条件和范围限制的，而且在一定情况下一个好的解有可能会转变成坏的解，总之解的不确定性可以表现在各个方面和各个时间段。那这种对解的理解会不会把我们又带入相对主义的怪圈呢？其实只要我们时刻将没有绝对的意识放在分析问题的首位，就不会陷入相对主义的怪圈，因为在不同的情况，面对不同的问题，所谓的更佳、更好的含义仍然是有空间的，只不过更佳、更好都是有条件和范围限制的，否则人类的思想就没有存在的价值了。换一句话说，黑格尔的辩证法也并不是毫无价值的一派胡言，它在一定的条件和范围内是有积极作用的。但如果我们将这种积极作用不加限制地放大，它的积极作用就会向消极的方向演化。从以上讨论可以看出，毛泽东的一分为二观点是对黑格尔单纯的"正-反-合"思想的进步，它在一定程度上减少了极端的危害。作为一个国家的领袖，毛泽东的哲学造诣是首屈一指的。据说在前苏联时期，毛泽东的《矛盾论》和《实践论》曾被列为哲学专业的必读书。

其实广义的一分为二的方法完全可以推广到所有对主义的分析上，我们甚至可以将其理解为老子定律的另一种表述方式。回顾中国革命史，我们可以发现毛泽东领导中国革命的每一个重大进步都是通过与极端思想进行不懈的斗争取得的，特别是与马克思原教旨主义或曰极左思想斗争取得的，毛泽东将这种斗争取名为路线斗争。而路线斗争的实质就是反对各种绝对的斗争。虽然毛泽东的晚年也在绝对问题上犯了错误，即文化大革命的错误，但如作者在其他场合多次说的，思想意识的错误是人类共同的错误，对这种错误我们所有的人都有承担的责任。思想，思想，贵在去思去想，你自己如果不思不想而把因思想产生的过错都归结为思想者，是极其不公道的。

福山的历史终结论再一次为我们提供了一个现代主义的反面教材。如在下编第一章第三节"相向而不是对立"中将讨论的，我们并不完全否定福山立论的出发点，即不同的社会制度、不同的文明在发展的过程中会产生共同的趋向。我们反对的是这种趋向是历史的终结。我们认为的趋向也与福山不同，它是能够包容各种合理目标，因地制宜地求得自身发展的趋向，而不是一件适合所有人穿戴的"衣服"。我们希望福山的历史终结论能够实实在在地早日带来一种"终结"，即现代主义的"终结"。当然这种"终结"的目的并不是给西方文明敲响丧钟，还是那句话，我们从内心希望西方文明与中华文明能共同屹立在人类社会，我们希望西方文明健康发展，就像希望自己的中华文明健康发展一样，因为西方文明健康发展了，我们的社会就会更祥和，更少强权政治，我们中华文明的发展环境也自然就好了。同样我们也希望其他文明抱着同样的心态来理解我们的文明。这种态度其实深藏着文明的智慧，是一种比政治智慧胸怀更广，看得更远的智慧。

第三节 证实了吗，科学？

按照中华文明的世界观，世界上是没有"绝待"的，即不管是自然科学还是社会科学领域都不存在绝对的等式。然而现代科学可以说是以一个一个等式的建立作为里程碑发展起来的，这给人特别是年轻人一个世界观暗示，即只有建立在等式基础上的知识才称得上科学知识，才是真正的知识，人类的知识体系是由绝对真理派生出来的。虽然很多人可能没有注意到这种影响的存在，但它的确起到了让非常多的人自觉不自觉地树立起现代主义世界观的作用，而这正是现代科学给人类造成的最有害的负面影响之一。作者在很多场合谈到中华文明世界观的时候，遭到质疑的声音大多来自自然科学领域，这种质疑的主要依据就是自然科学，特别是经典物理学那些亮丽的等式。更有些人只抛出了一句类似"你伟大，还是牛顿、爱因斯坦伟大"这样的反问句，就不屑与你争论了，当然他们也不屑去想存不存在绝对真理这个问题，在他们的脑海里这早已是不争的事实，根本就没有怀疑的必要。由此可见，"世界观暗示"的影响有多么的巨大。换一个角度说，现代主义能够在这么长的时间里长盛不衰，科学技术带给人们的"世界观暗示"可以说居功至伟。一个鲜明的例子就是，科学技术的发展使得几乎所有对绝对真理的怀疑都被简单地归为相对主义加以严厉批判。那些不断涌现的科学证实新事例，时时都在"警告"思想家们，怀疑绝对真理这事儿，你们想都不要去想。

然而一个长期让研究者感到很困惑的问题是，如果这个世界存在绝对真理，那为什么在自然科学中的灵丹妙药——证实方法，在社会科学中却是一种奢望？一方面的情况是，在自然科学呈现出众星灿烂的局面，斩获有定律、建树有等式的伟人举不胜举；而另一方面的情况是，社会科学始终处于群雄混战的局面，迄今为止也未能产生出一条能按西方标准称得上定律的成果。站在绝对真理的立场上，这显然是不该发生的。不仅如此，这还是一个两难问题，即站在不承认绝对真理的立场上，问题同样也不能解释。西方文明在追问这个问题上选择了第一条路，即在承认有绝对真理的前提下去求解难题。做此选择的原因，在很大程度上也是科学证实的方法太有力的缘故。人们首先想到的是经验主义的方法，先将研究对象进行分类，再从中找出导致上述现象的根本原因。他们将自然科学称为"是然"的科学，而将社会科学称为"应然"的科学。"是然"是指，在研究中可以用"什么是什么"、"什么=什么"这样的表达方式进行表达；"应然"是指，在研究中不适宜用前种表达方式，而只能用"应该"、"可能"这类的词汇进行叙事。两者的区别是："是然"是确定的表述，意思为A就是B，它们是完全等价的；"应然"是带有不确定的表述，意思是A应该是B，但不必然如此，其间可能有不确定性。但是如果将事物分为是然和应然两类，接着又产生了一个新问题，即如何进行这样的分类？有人以生命和非生命进行分类，非生命的事物适用是然的研究方法，有生命的事物适用应然的研究方法，理由是生命为事物存在的高级方式，在这种存在形态中已经进化出思想。也有人仅将人与人类社会单分出来，认为只有人与人类社会适用应然的研究方法，因为人类才具有真正意义上的思想。还有人干脆将事物直接分为物质和精神，前者是然，后者应然。然而不管怎么进行分类，有一个问题始终解决不了，那就是如何划清不同类型事物之间的界限。研究来研究去，人们发现不管是生命与非生命之间，人与其他事物之间，还是物质与精神之间，都没有绝对的界限，否则就无法解释生命如何产生于非生命，低级生命如何进化成高级生命人，物质与精神如何转换并进行交流这样的问题。绕来绕去，问题又回到了起点，我们到底能不能将事物分为截然不同的两类。原来的问题只是被换了一个角度重新提了出来。虽然屡试屡败，西方的大多数社会科学家仍然在坚守着他们的希望,即盼望社会科学的定律与等式被证明出来。这也是罗尔斯、福山的所谓"成果"一出来,马上就会引发热烈响应的原因之一。但这边希望的曙光未等到,那边却出现了一系列问题,自然科学那些原本被视为铁证如山的等式和定律纷纷发生了动摇。

首先发生了爱因斯坦的相对论对所谓经典物理学的挑战。爱因斯坦在上个世纪初的研究似乎揭示了这样一种可能性,即在相对运动的情况下,时间、长度、速度等基本物理量会发生变化,且这种变化与相对运动的速度快慢相关。这时牛顿第二定律也不再适用了。这个研究成果在当时的科学界引发了不小的轰动。特别是相对论这个名字很容易使人联想到相对主义,事实上爱因斯坦提出相对论,也的确受益于科学哲学家马赫对牛顿绝对时空观的批判,爱因斯坦自己也曾公开承认这一点。恩斯特·马赫(Ernst Mach,1838-1916)这位奥地利物理学家、哲学家,终生致力于从否定绝对真理这条思路上,解决自然科学是然,社会科学应然的鸿沟,试图建立一个能将两者有机结合在一起的统一的科学体系。但最后终因势单力薄,在现代主义的合力围剿下,戴着相对主义的大帽子走完了一生。当然,马赫与现代主义斗争的失利也有其自身原因,那就是他的理论体系太破碎,各个观点之间难以自洽,很容易被批判者抓小辫子,以至于受马赫影响提出相对论的爱因斯坦,后来似乎也想与马赫的相对主义划清界限。

大致与爱因斯坦相对论发生在前后脚,量子力学又对经典物理学发出了新的挑战。物理学家在微观领域的研究中发现牛顿第二定律又不灵验了,在宏观领域描述物体运动如鱼得水的牛顿第二定律,竟然不能用于描述微观粒子的运动方式,而必须换用建立在粒子波粒二相性假设基础上的薛定谔方程。物体由大变小,原来适用的公式就不再适用了,特别是微观粒子会表现出波、粒两种状态,这一现象的发现无疑对现代主义理论体系又是一个巨大的冲击。因为这说明物体并不是从一而终的，在不同的情况下可以表现出不同的运动形态。显然这违反了现代主义的常识。但现代主义很快就冷静了下来，因为它们发现：一、不管是相对论还是薛定谔方程，虽然它们分别在运动状态和微观领域颠覆了牛顿第二定律，但它们自身依旧是用等式来表达的，也就是说它们仍然是自家兄弟，它们对牛顿定律的颠覆，只能说明它们可能更接近真理而已；二、相对论公式和薛定谔方程都包含有一个常数因子——光速和普朗克常数，这更进一步说明概念是可以绝对的，否则光速和普朗克因子怎么可以是恒定的常数呢？经这么一分析，现代主义的心脏也就不乱跳了，气也喘匀了，感觉总算渡过了这一难关。马上提高了嗓门，更起劲地投入到了臭骂相对主义的斗争中，并慷慨地分别于1922年和1926年授予爱因斯坦和薛定谔诺贝尔物理学奖。

但现代主义的好日子并不长，随着自然科学各领域的研究向更高、更精、更广方向发展，陆陆续续出现了一些用传统理论难以解释的现象。比如：

一、流体力学中的湍流现象。我们观察流体的运动，当流速较低时，流体会呈现明显的线性流动形态，很有秩序；当流速逐渐增加，流线会随之出现波浪状的晃动，显现出秩序不稳的征兆，流速越大晃动的频率和幅度也会相应地增加；当流速增加到一定程度后，流线的形态就变得难以分辨，流体的运动显得杂乱无章；此后如再加大流速，这种无序现象就越发明显。这就是所谓的湍流现象。其实湍流现象在日常生活中也是常见的，流速很大的河流中的漩涡就是典型的湍流现象。湍流之所以引发科学家的注意，是因为用经典的力学理论很难准确地加以描述。即便是在今天的科技水平下，人们为研究飞机、导弹等高速飞行器，也只能主要借助风洞实验的方法对其加以研究，更多的是靠经验。湍流现象对现代主义无疑是比相对论和薛定谔方程更大的挑战，因为它已经不能用简单的等式进行表述了。

图2-2-3-1 湍流示意图 （该图引自维基百科湍流词条）

绝大多数人都可能没有注意到，湍流在社会实践中也是常见的现象。当一个社会的治理，主要沿某一价值取向进行时，不管这个价值取向是平等，还是自由；是民主，还是专制；当我们不断地给这个价值取向"加速"时，社会都会经历一个由有序向无序的转变。只不过，对不同的社会，何时发生这种转变是不一样的，发生的程度也是不一样的。例如，我们按照自由的价值取向去治理社会，通过不断地减少政府、法律对个人自由的约束方法对自由度"加速"，在"速度"适当的某一阶段，社会也许会出现因自由带来的自发自生秩序，并呈现"线性流动"的状态，即速度越高，秩序越明显。但当"加速"加到一定程度后，原来呈现出来的秩序就会显露出不稳的迹象，发生类似流体运动的那种波动。如果再"加速"，在某一阶段就会出现湍流现象，社会的秩序出现大乱。这说明社会是不能沿任何单一确定的方向实现永治的。

二、混沌现象。作者说混沌现象也许读者不太熟悉，但如果作者提"蝴蝶效应"可能就有很多读者知道了。1972年，美国气象学家洛伦兹

(Edward Norton, Lorenz,1917-2007)在美国科学发展学会第139次会议上发表了一篇论文，借一个具有强烈感官刺激的比喻来阐述混沌现象："在巴西一只蝴蝶翅膀的拍打能在美国德克萨斯州产生一个龙卷风"来阐述混沌现象，并由此指出天气预报的不确定性。混沌现象普遍存在于非线性系统中，而在自然界中所有的系统从严格的意义上说都是非线性的，因为所谓线性本身就是一种绝对，它只存在于数学中。因此，混沌现象可以说是事物运动的普遍现象。作者更喜欢用"压垮骆驼的最后一根稻草"来讲解混沌现象，因为更直观。由经验我们知道，骆驼的承载力不是线性的，它满足混沌存在的条件。在混沌学中，压垮骆驼的最后一根稻草被称为阈值，或称临界值。显然对不同的系统，如马、骡子、驴，阈值是不同的，即便对同一系统，如用来做实验的同一只骆驼，在不同的条件和环境里阈值也是不确定的，即我们无法事先确定阈值的确切值。所谓阈值表示，在该值附近系统条件的极其微弱的变化，哪怕一根原本对骆驼承载能力毫不起眼的稻草，都能引发整个系统秩序的巨大变化，骆驼从有承载力到无承载力——被压垮。实际上，混沌和前面我们介绍的湍流是非常相似的，它们都反映了系统从有序到无序的变化过程，也都存在所谓的阈值。有学者认为两者是有区别的，湍流是线性向非线性转变的过程，而混沌只存在于非线性系统中，其实在实践中哪有绝对的线性。正是因为水流在正常流速下表现出的线性并非是绝对的，因此才可能有湍流的产生。也有学者认为，湍流是单维度的混沌现象，其实在实践中又哪有绝对的单维度，正是因为水流虽然大致是向一个方向流动，但它们流动的角度并不绝对的一致，所以在条件具备时才能够产生出如此复杂的湍流来。

混沌现象同样能够用来解释社会问题。例如社会制度问题，任何一个社会的"承载力"，不管沿自由、平等、民主、法制那个维度都是有限的，如果我们沿任何一个方向不断地"加载"，最终都会发生混沌现象，使社会由有序向无序产生剧烈动荡。又例如社会生活中的抗议行为，一群人聚集在广场进行一场抗议活动，一位慷慨激昂的演讲者镇臂高呼："让怒火彻底发泄出来吧！"轰，像炸了窝的马蜂，人群顷刻间四散到各处，开始打砸抢。再例如传销，在快速发财的诱惑下，越来越多的人聚在一起，不知某一天突然原本井然有序的传销网络就崩溃了，大多数人的发财梦也烟消云散了。还例如叠罗汉，不管叠的人如何小心翼翼，结果都是一样的砰然倒塌，所不同的仅在于，叠得多一点还是少一点。这样的例子可以说是随手拈来。我们也可以人工制造很多混沌现象，如爆炸就是非常典型的混沌事例。善于联想和思考的读者很快就会发现，我们身边的很多事情都与湍流或混沌有关。毛泽东对混沌现象也有观察，只不过他未将此类现象与混沌概念联系起来，他将其称之为"从量变到质变"。

可以说湍流和混沌现象对现代主义的挑战是致命的，因为它们向我们揭示了事物运动不确定的一面，而且这种不确定性是无处不在的。任何我们感知到的确定性在条件超出一定范围后都会向不确定转化。这说明确定不是绝对的，当然不确定也不是绝对的。这反过来说明，传统科学所有那些用等式表达的规律都不是绝对的规律，而是有条件和范围限制的局部规律，并且在条件和范围限制的局部内，它们也应当只是约等式，而不是恒等式。那些被现代主义奉为看家本钱的，经过"证实"的知识，都不是绝对的真理，当然也不能被视作绝对真理存在的有效证据加以引用。面对越来越多事物不确定属性的发现，现代主义虽然不会马上"死"掉，但作者有充分的信心，随着科学技术的发展，绝对真理将日渐清晰地被证伪，而不是被证实。

我们再将思绪拉回到本节开始提出的那个问题，即同是科学，为什么自然科学呈现的是"是然"形态，而社会科学呈现的是"应然"形态？现在读者是不是发现这个问题有了解答的转机了呢。如果自然科学所谓的"是然",并不是绝对的"是然",而只是在一定条件下的高度近似,实际上也是"应然",那么自然科学和社会科学不就可以统一起来了吗。如此我们不是就有希望建立一个统一的大科学体系了吗。事实上通过我们所举的那些例子,不难发现在湍流或混沌问题上,自然科学与社会科学有着非常广泛的共同语言。例如,人的生、老、病、死,甚至一个星系的生、老、病、死与一种社会制度的生、老、病、死是相通的,它们都可以被理解为一种混沌现象,即由一种有序状态向无序状态的转变。这提示了我们,如果能从中找出一些自然科学与社会科学的共同点,我们就有希望建立起一个能够涵盖自然科学与社会科学的大科学体系,在这个体系中,我们可以用同一个语言对自然科学和社会科学进行叙事。实际上我们也正是这样做的,相关问题的具体讨论我们将在第三编第一章第一节"重新认识哲学"中展开。

第四节 再读《独立宣言》

　　作者有保留地赞同人们把一些思想家称为启蒙思想家。赞同的地方是，可以称得上启蒙思想家的人，大都因为他们的思想有助于把人们对世界，对社会的基本认知从一种朦胧带入一种清晰，从一种虚幻带入一种现实，从一种年轻带入一种成熟，为人类认知的进步开拓了一块"可"的空间，是有益的。保留的地方是，很多人对启蒙的理解多少带有现代主义思维逻辑，即它的指向是对真理的探索，往往烙有"恒"的印记，显然这种理解是有害的。从这个意义上说，如果你被启蒙后走向了绝对，那么启蒙的有益就变成有害了。因此作者在前面的表述中特地增加了六个形容词"一种"，以减轻"恒"的影响。

　　人类思想发展到今天，可以说我们每一个人都被不止一次地启蒙过，也可以说思想理论体系中的每一个主义都是一种启蒙，也都是一种被启蒙的结果。进而我们是不是可以这样认识，千启蒙万启蒙它们最终都是在启蒙我们的世界观呢？作者相信能将本书认认真真地读到这里的读者绝大多数都是很有思想追求，并具备超越前人能力的人。作者也相信只要经历启蒙的次数足够多，你们都可以悟出世界观的道理。但不幸的是产生一个人思想的躯体是有生命限制的，他感受启蒙的机会也是有限的，因此我们一定要非常珍惜每一次这样的机会，否则就对不起造就我们思想的这架"机器"。作者写这节的目的就是借作者本人的一次失败的被启蒙经历，谈谈切身感受，以求对读者今后再经历被启蒙时有所帮助。

　　首先，作者先交待一下自己判断一次启蒙成功与失败的标准：如果一次被启蒙启于"可"，趋于"恒"就是一次失败的启蒙；如果启于"可"，悟出"非恒"，则是一次成功的启蒙。什么意思呢？一次启蒙实际上等于你被告知一件事情可以这样去做，用老子的话说"道可这样去道"，但如果你将"可道"，被启蒙为"恒道"，即把它理解为真理，不顾条件和环境随处运用，那这种被启蒙对你来说就是一次失败的启蒙。失败主要表现在两个方面：1、你不再能超越启蒙者了，因为你不会再去积极探索新的"可"空间；2、你在实践中肯定会栽跟头，因为妄图实践"恒"是不可能的。栽完了跟头，如果你还"活着"，并且还保持着思想追求，你要么自己闷头去悟，要么就等待下一次启蒙。如果下一次，你还未能摆脱"恒"，对不起，你只是头上又多一个疤而已。什么时候悟出了"非恒"的道理，什么时候你才能看到眼前一片新的天地，启蒙也才是成功的。当然，任何一次失败的启蒙也不是一点积极意义都没有，对于一个有正常智力的人来说，通常每一次失败的启蒙总能或多或少地带给他悟的经验和机会，而一个人在他的一生中什么时候能悟，以及能悟到什么程度也反映着他的成熟程度，这种成熟度作者更喜欢用智慧度来表达。

　　作者年轻时大致可以把《独立宣言》背下来，那时读有一种热血沸腾的感觉，好像人类最真、最美的善都浓缩在里面了，回味起来思想仿佛开启了一扇天窗，通向没有任何丑陋的天堂。当然因为那时年轻，温度也容易上去，不止读《独立宣言》，但凡读到几句激昂奋进的话，体温就能升高。对于一个刚刚经历了一场史无前例的社会动荡，正在旧信仰中痛苦挣扎，被启蒙的经历也不是太丰富的年轻人来说转而去读《独立宣言》这样的重磅级启蒙读物，那种亢奋程度可想而知。今天的年轻人恐怕很难理解作者当时的感受，因为今天的社会比那时要开放、进步得多。作者不是那种很容易就当粉丝的人，甚至在骨子里就轻看那些粉丝，因为从小就被父母灌输：成功者只是榜样而不是偶像，对别人的崇拜意味自己的失败；学知识要过自己的脑子，靠背来学知识是最笨的方法，很可能还会害了你。但作者还是抵抗不住《独立宣言》的强烈诱惑，反复阅读并将它背了下来，它实在太美了。一个国家可以按这样的蓝图去设计，去建设，并且在200年后依然在一层层地不断加高，难道不是一种完美吗。而我们呢，十年轰轰烈烈地乱了一阵，乱完了谁都不知道自己干了些什么，收获了什么，意义又在哪里。紧接着作者就开始了一次新的追求真理的万里长征，几乎将自己全部青年的大好时光耗尽，但最终还是带着深深的疑问"累倒"在半途中。因为作者始终都没有能做到用心目中的那个"真理"，完成哪怕一次属于自己的"沙盘推演"，甚至连第一步都没有迈出去，绕了无数的圈儿思想仍停留在最原始的问题上：自由是真的自由的吗？无疑作者的这次被启蒙是不成功的，当然也为下一次可能的成功打下了基础。

转眼又近三十年过去了，而这是不平凡的三十年，不仅中国人，世界上很多人都承认中国刚过去的三十年是不平凡的，但作者想说的不平凡并不是指这期间中国所发生的巨大的可见变化，而是指它为思想的不断启蒙再启蒙提供了前所未有的机遇，这才是作者所看重的，因为思想的进步，文明的健康可持续发展才是更重要的，有形的再大变化也都是弹指一挥间的事情，今天的辉煌可能只是明天的尘埃，几千年前的创造能在今天仍然闪光的只有思想。正是得益于这三十年，经历了许许多多各种角度的，肯定，否定，再肯定；否定，肯定，再否定，作者终于在"恒"上有所悟，并能开始感受到运用智慧的乐趣。

今天当我再次去读《独立宣言》时，心情已经非常平和了，完全没有当初那种热血沸腾的感觉。平和并不等于对杰出的思想麻木，不为它喝彩。而是在欣赏的同时，有交流，有共鸣，更有自己的再创新。

这次再读的目的，当然也并不是真的想去全面评述《独立宣言》的功过是非，那也不是寥寥千余字就能做到的，甚至重点就不在《独立宣言》上，而是仅想借此话题向一些年轻的读者介绍一点作者如何由被启蒙走向成熟的经验。

翻阅世界历史,很少能发现一个国家能够按照建国之初的理念建立、成长、强盛的。而美国就是这样一个,且能近距离地给我们提供全方位观察的国家。这也是《独立宣言》能够产生强烈的视觉与思想冲击力的重要原因。毫无疑问,美国的建国史是人类社会治理的一次非常成功的"可"的尝试,为人类社会探索社会治理模式开拓了更广阔的"可"空间。将其视为人类社会制度设计思想的"启蒙读物"一点也不为过。但是,如果我们将美国的社会制度设计当作"恒"的典范,那就大错特错了,不仅辜负了这次启蒙带给我们"悟"的机遇,错失更多好"可"的尝试,而且还会在具体实践中产生严重的危害。

美国可以创建这样的社会制度并不等于你也可以。可能会有相当多的读者不认同作者的这个说法。美国人能干、能吃、能喝,为什么我们不可以?其实这与郎朗可以把钢琴弹得很好,你不一定的道理有相似之处。郎朗有他独特的成长环境和内在条件,你不一定有。作者不排除不同人通过不同的努力也可以弹好钢琴,但他们一定具有不同的特色和风格,不会也不可能是相同的。作者也不排除你可以从郎朗的成长经验中有所借鉴,但你不可能照搬他的经验。当然,作者更不排除有人通过自己的努力弹得比郎朗还要好的可能。

美国的成功有它独特的条件和环境。例如:1、美国既继承了西方文明的主要优点,同时又比欧洲国家较少历史包袱。这意味着它可以将主要精力放在创新上,而不是放在各种旧势力之间的艰难平衡上。2、北美大陆的殖民条件优越,土地广袤,物产丰饶,生存空间相对充盈,殖民者甚至可以以跑马圈地这样"公平"的方式来进行原始社会资源的分配,内部没有激烈的,难以调和的矛盾。这些都为平等、自由理念的实施提供了客观上的有利条件。3、原住民相对殖民者实力悬殊,对殖民者难以构成重大威胁。不用再多举例了，仅仅上述三点就是其他国家想模仿也模仿不来的。作者并不是说，不具备这些条件的国家就不能过上自己心目中的理想生活，而只想说，照搬别人的模式很可能适得其反。

美国今天"可以"不等于美国明天也"可以"。西方很多学者在夸赞美国政治制度的优越性时，常将美国宪法基本保持两百多年没有大的变化作为很重要的一点突出来讲，其实这给人很大的误导，即越是优越的制度就越可以保持不变，虽然这种理解有它一定的道理，就像一幢用好材料建造，设计得又科学合理的房屋当然能保持得更长久一些，误导也并不在这点上，而是其中隐含的现代主义逻辑"好=恒"，让人以为好的制度不需要变。一幢用好的材料建造、设计得又科学合理的房子固然可以比用差的材料建造，设计得又有明显缺陷的房屋保持得更长久，但世间没有绝对的好材料，也没有绝对的设计合理，是材料就有不足，是设计就有缺陷，任何一幢房屋建好之后都会逐渐腐朽，它只会变旧不会自动变新，其中的道理我们将在下编中通过组织定律加以详细讨论。房屋是这样，一种固定的社会制度也是这样，而且更是这样，因为人具有思想，思想既可以用来建设也可以用来破坏。没错美国的社会制度经受了二百多年的考验，但这只说明它当初设计者的设计理念先进，并不能说明这种制度不会"腐朽"，更不能证明这种制度可以一劳永逸地解决社会治理问题。事实上不管是美国的权力制衡架构，还是政党政治的运作都经历着由更多的积极作用向更多的消极作用转变的过程，即在经历着腐朽。如：在几乎每一个众、参议员周围都聚集了越来越多的"特殊"利益圈子，议员们也更加明显地为"特殊"利益说话；在治理国家的同时，两个主要政党也不断经营着自己的事业，逐渐积累起了属于自己的"财富"。美国自己的很多政治家也已经意识到这一点，如奥巴马总统就是通过打变革这张牌上台的。但大多数这类"已经的意识"仍然是很粗浅的，更多的是出自经验的体会而不是认识的自觉，远没有达到摆脱现代主义束缚"悟"的状态。按理说美国的政治家更能切身体会"腐朽"的存在，似乎也更有机会产生"悟"，但不幸的是他们在某种程度上同时也是受现代主义影响最大的人群，他们很容易将美国制度创立之初的前瞻性和设计的合理性归功于信仰的正确性，而将眼前的腐朽迹象归结为设计还不够完美。因此，奥巴马所代表的变革意识实际上只是完美真理的一种企图，而不是对现代主义应该发生的"悟"，悟的精髓在于既能发现具有普遍意义的道理，又要发掘出这些道理的局限性和不足，两者都不能偏废。

我们对待《独立宣言》、对待美国历史、对待西方文明、对待一切事物都应该采取"悟"的态度，而不是盲目地崇拜，更不能简单地仿效。不是作者对西方文明抱有处于不同文明立场上的偏见，从人类发展更大的角度说，作者也没有必要持有这种偏见，因为如果美国的经验真可以是真理，拿过来直接采用不是最简洁的办法吗，何必还要苦苦探索呢。苏格拉底曾将不相信绝对真理的人比作猪，因为猪没有思想，想不出真理来。作者与他相反，认为如果一个人把某一个道理视为真理了，他就开始向猪退化了，因为思想对他来说已经不再需要了。

今天当你漫步在华盛顿街头，感受到的依然是厚重的现代主义氛围，从华盛顿纪念碑、林肯纪念堂到国会大厦，这些建筑物的背后无一不散射出《独立宣言》所昭示的现代文明光芒，吸引着来自全世界各地无数的崇拜者到此"朝圣"。作者也夹杂在人群中圆自己年轻时的一个梦想，面对伟人敬仰之情还是有的，但更多的是一种师生的情感，没有洛克、孟德斯鸠的思想启蒙，没有杰斐逊、华盛顿、林肯的实践启蒙，我的思想不会有今天的成熟，他们永远都是值得后人怀念的。历史不应，也不可能终结于我们的手里，我们有义不容辞的责任，承接老师的工作，继续启蒙我们共同的后人。作者凝视着林肯纪念堂南墙壁上的那句曾背咏过无数遍，开启于洛克，继而被杰斐逊郑重地承诺在《独立宣言》里，后由林肯再次宣誓的名句"……, under God, shall have a new birth of freedom,and that government of the people, by the people, for the people, shall not perish from the earth"，脑海里一直在思考这样一个问题，当现代主义这个"神"不再保佑我们了，我们又将如何改造自己的社会制度呢？

下编

走共同文明的道路

第一章 大科学大视野

第一节 重新认识哲学

如果你一定要问哲学**是**什么，那么作者可以告诉你这是一个无法准确回答的问题，因为这个"**是**"本身就是哲学，这如同我们在讨论老子时，问"道"是什么的道理非常相似。但这并不等于说，我们无法讲解哲学是什么这个问题。哲学可以看作是人们探寻事物普遍规律的思想活动。我们在"借一只碗谈主义"一节中提到过，要探寻事物的普遍规律首先遇到的问题就是，世界存不存在绝对真理？这里所说的绝对真理是指，由它可以解释通世界上所有其他的问题，它是世界所有事物之因。显然，对这个问题的回答只有两个：存在和不存在。但不管回答存在还是不存在都要面临各自的悖论：对回答存在来说，免不了被继续追问，绝对真理又是怎么产生的？就像我们说上帝创造了世界，被追问上帝又是谁创造的呢？对回答不存在来说，同样免不了被追问，不存在这个回答本身是不是绝对真理？读者想必很疑惑，为什么这样一个看似简单的问题不能被证明呢？不幸的是，这就是真的。

反过来说，万幸的是，这是真的。因为对于这样一个最基本的问题，如果我们能轻而易举地加以证明，我们的思想还有发展空间吗？证明绝对真理存在不存在本身就是矛盾的，因为从逻辑上说只能后者证明其他，而不是反过来。为了避免这个逻辑矛盾，回答存在绝对真理一方不得已采取的都是一种间接证明方式，即通过证明"一种事物就是另一种事物"来表明绝对的逻辑关系存在，从而以等价形式表明绝对真理的存在。这种思路本身并没有错，而且将对绝对真理的表达转化为无数种可能，只要从宇宙万物中随意找出任何两个事物证明它们的关系是绝对的，就等于间接地证明了绝对真理是存在的。这其实也就是现代主义企图去做的事情。在这个问题上，作者不太认同现代主义与后现代主义的划分，因为所谓的对绝对真理的直接证明从来就没有开始过，也是不能启动的，任何对绝对真理的证明尝试都必须通过具体的事物着手，因此它从一开始就已经是破碎化、分段、解构的。元叙事根本就不能存在，又如何谈起呢。也正是这个缘故，哲学被细化为什么科学哲学、政治哲学、心理哲学、宗教哲学、伦理哲学、艺术哲学等等。例如，对某一概念进行描述必然要涉及语言文字，如果我们能够通过各种文字表达方法将一个概念进行完美的表述，则这种表述本身就是对绝对真理的间接证明，因此哲学就派生出了语言哲学这个分支。很多读者可能对众多的哲学概念感到很神秘，其实这在很大程度上是由于那些探寻者为寻求突破，在一些简单概念之间绕来绕去给读者造成的一种错觉，当然我们也不排除有些研究者故弄玄虚，刻意营造某种神秘感，以骗取别人信服，这也是一些邪教组织者常用的手法。其实，读者也可以创造类似的哲学分支，在日常生活中随意地挑选一件事情，如做饭、洗衣、睡觉、谈恋爱、教育子女等等，你只要认为可以做到完美无缺，注意这里是说绝对意义上的完美，你就可以冠以做饭哲学、洗衣哲学、睡觉哲学、恋爱哲学、育子哲学不一而足。当然，作者不鼓励读者这样去做，因为这一定是一个以失败告终的尝试。作者不鼓励的是你自认为完美无缺了，而不是反对你去追求将事情尽量做好，也不反对你去追求普通意义上的完美，因为那种追求是有积极意义的。我们倡导行行出状元这样的社会实践。

对于回答不存在绝对真理的一方，这个证明可以说也是无法实现的，因为它要证明所有事物的描述都是不完美的，仅仅从工作量上说这个证明就已经是无法完成的了。所以，表面上否定绝对真理的一方永远都处于"守势"，它随时要同所有证明存在绝对真理的企图进行斗争。这在客观上容易将它同诡辩术联系在一起。真理都是相对的，在一定条件下才成立，从这一点上说，将否定绝对真理一派称为相对主义是有道理的。但否定派不应被等同于相对主义，因为不承认绝对真理，并不等于不承认理的价值。否定事物普遍规律的绝对，也并不等于否定事物普遍规律的存在。只要讲"理"，就不是相对的绝对。所谓相对主义的帽子其实也是绝对思维的产物。关于真理的相对性问题还存在一个重大误区，即相对在很多情况下是指不同的"理"都是有适用范围的，相对性更多的是表现在相对于边界而言，在"理"的适用范围内，"理"还是能够表现出"更"的特性，即该"理"比其他"理"带有更有理的含义，但当超出了适用范围，该"理"可能就变得更无理了。真正的相对主义往往忽略了"理"的这种特质，在其适用范围内也片面地强调相对性，因此很容易被反对者抓住小辫子。

作者再一次郑重地重申，中华文明的世界观：任何事物都是确定性与不确定性的共同载体。作者只在这一个地方果断地使用了"是"来表述"什么是什么"这个问题，因为这个"是"在最大限度上包容了所有事物的不确定性。首先，我们说这句话是世界观，因为它是世间所有事物都必然遵守的规律，除非我们人为地设置一个绝对的环境，如在数学中所做的。其次，这个世界观并不等同于现代主义意识中的那个绝对真理，因为它不能派生出任何与它不等价的其他绝对确定的表述。我们虽然不能直接地证明它，但现代主义的失败史可以被看作是对它的间接证明史。我们奉劝你相信它，主要是为你好，如果你花费大量时间去反对它只会对它更有利，因为又在现代主义的失败库中增加了一例，虽然只是10的多少百次方后的一例，但对你来说时间用在其他地方不更好吗。

仔细体会中华文明世界观的这个表述很有意思，好像什么都说了，什么好事都占了；又好像什么都没说，什么坏事都躲了。的确如此，也正因为如此，这个世界观才为永远的思想敞开了无限的空间。如果说现代主义的终极目标是探寻或者逐步逼近绝对真理，那么中华文明世界观的目标则是减少这种无用功，引导思想家们将探索的努力用在新的领域上。从这个意义上，我们可以这样去重新理解哲学：如果说哲学的任务是探寻绝对真理，那么哲学就是一种错误；如果说哲学的任务是探寻事物的确定性，那么科学本身就是哲学。

在"证实了吗？科学"一节，我们曾提出过一个两难问题，即自然科学的"是然"性；社会科学的"应然"性，两者难以兼容。并且我们已经指出，问题的症结在于"是然"不是绝对的，当然同时等于指出"应然"也不是绝对的。这实际上让我们看到了拆除阻挡在自然科学与社会科学之间隔断的可能性，要迈出这一步只剩下找到一个自然科学与社会科学所有研究对象共同具有的"介质"，通过对这个"介质"进行研究来实现对自然科学和社会科学的统一研究。也就是说，我们通过对这个"介质"研究产生的规律，或者说确定性应当既可适用于自然科学也可适用于社会科学。其实这个"介质"是现成的，那就是系统。所谓系统是指，有两个或两个以上成员，且成员之间具有一定的相关性，并有一定的边界，在这个边界内系统所有成员表现出一定的整体性的事物存在形态。我们先检查自然科学那边的情况，看看我们的研究对象是否都处于某一系统中。环顾你的四周，从手机、电脑、冰箱、汽车，到桌椅、纸张、饭菜、饮料，再到山脉、河流、大气、沙粒无不可以视为系统；从大的宇宙、银河系、太阳系、我们的地球，到小的电子、光子、费米子、玻色子也都是系统。对别的例子读者可能没有什么疑问，但对玻色子这样极其微小的粒子也是系统的看法也许会产生疑问，其实这并不难解释，如果玻色子这类所谓的基本粒子是绝对确定的，它们又怎么能与其他粒子发生关系，又怎么能承担起所谓上帝粒子的角色呢。

我们再检查社会科学这边的情况，从国家、社团、企业、家庭，到政治、法律、文字、艺术，再到人体、思想、梦境、感觉也无一例外地都从属于不同的系统。别的没什么，有些读者可能会对思想的活动也是系统不理解。其实如果你联想一下思想是怎么产生的，就容易理解了。作者建议读者不要一一观察某一事物有没有系统的特质，而是反过来去思考有没有不在任何系统中的例外，因为这样思考最为有效。作者可以告诉读者，迄今为止人们只发现了一个例外，那就是数学意义上的一个点。但是这个例外也并不是真正的例外，因为数学意义上的一个点在现实中是不可能存在的，数学的点之所以能够连成线、组成面，是因为有人这个"上帝"操作和想像的结果。

分别完成了自然科学和社会科学对系统适用性的审核，还有一个必要的步骤，就是检查一下有关系统的定义是否符合中华文明的世界观。同样分两步进行：第一步，检查该定义是否对不确定性有足够的包容。从定义的表述看，它没有将系统简单地定义为是什么，而仅是列举了系统的主要特征。在牵扯到其他概念如成员、相关性、边界、整体性时特意使用了三个"一定"和一个"或以上"加以限定，意即成员不是确定的，相关性、边界及整体性也不是绝对的。由此可见，我们对系统的描述是可以包容不确定性的。第二步，检查该定义是否对不同领域研究所追求的确定性成果有根本性的障碍，这句话的主要意思是，原本按照传统的研究思路可以获得的成果，改用以系统为研究对象的方法就获得不了的情况是否会发生。既然系统是所有事物普遍的存在形态，那么事物所包含的确定性信息也就无一遗漏地存放在系统中间。也就是说，我们以系统为研究对象并不会导致任何可能的潜在研究成果有所遗失。而且不仅不会遗失，还会有助于你扩展思路，取得更多的成果。我们举个简单的例子加以说明。我们知道传统社会科学有专门研究家庭的分支，这种分支是把家庭当作一种独特的社会现象加以研究的，与企业、学校、军队、党派、国家等其他研究对象基本上是分开进行的，那么我们对家庭研究产生的一些成果，如民主治家、好的家庭文化的成果，并不会自觉地联想运用到企业，甚至国家层面上。而采取系统学的研究方法则不同，我们是把家庭、企业、学校、军队、党派、国家统统都作为系统看待，它们虽有不同的系统个性，也有不同的行为特征，但作为系统它们无疑是有共性的。单就家庭这具体研究对象而言，我们是把它当家庭这个称谓来研究还是把它当家庭系统来研究并不会导致信息的流失，但在后者中我们是在主观上把家庭当作与企业、学校、军队、党派、国家类似物加以研究的，因此我们就会较为自觉地将对家庭这个系统研究得出的结论与其他系统联想到一起，去主动思考在这些系统的适用性问题。显然，以系统为对象进行研究，比传统的分别对单一对象进行研究，信息只会增加而不会减少。

好了，通过检验我们发现系统的确可以跨越自然科学和社会科学，成为两者研究对象的共同载体。如此，我们只要对系统展开研究，如果能从中得出规律性的结果，那么这种结果就会呈现出既适用于自然科学，也适用于社会科学的特性，显然这样的结果更能反映事物普遍的规律性。这就是我们所说的大科学理论体系。关于大科学理论体系更为详细的讨论及首批具体成果，读者可参阅作者的另一本著作《社会系统学的基本原理》（若缺著，《社会系统学的基本原理》，湖北科技出版社，2012年9月）。

在大科学理论体系里，我们要对以前习惯了的传统研究视野和研究方法做重大调整。

在研究视野问题上，我们首先要打破的就是自然科学与社会科学的划分。因为这种"是然"与"应然"的划分一方面固化了传统研究中的某些错误认识，另一方面还阻碍了我们拓展研究思路。例如，我们把自然科学的很多成果当作"是然"，轻率地将它们用"等号"表述，其实这些等号都隐藏了绝对化的错误，它们实际上都应当是约等式。我们反对等式，并不等于我们否定前人的成果，只是为了鼓励我们的后人在此基础上继续进步。在另一个极端上，我们把社会科学的很多成果当作"应然"，又过于谨慎地不敢往确定性方向多走一点。例如，权力会产生腐败，这是经人类历史反复验证了的。但是历史也不乏有这样的事例，即有些"圣人"能够做到手握权力不腐败，因此我们不能得出权力等于腐败的结论，这是很自然的，也符合中华文明的世界观，因为腐败并不是绝对的。然而，这种"应然"的态度却会产生一种消极的影响，即总是有人把希望寄托在"圣人"身上，将社会治理完全托付给"圣人"，再由"圣人"传递给"圣人"得以延续。这就是一个社会科学不敢太"是"的典型负面例子。在权力面前，圣人产生的概率远比常人要低，时间越长、权力越大，产生圣人和连续产生圣人的概率就越低。其实，在很多方面社会科学应该向自然科学靠拢，往"是"的方向多走一点。因此，在大科学理论体系里，我们将权力腐败问题表述为一个公理：手握社会系统组织权力的人自私程度只会增加，不会减少；而且手握权力持续的时间越长，自私增加的可能性与程度就会越大。这里需要解释一下，我们在公理使用了只会增加不会减少这个表述，是将圣人可能手握权力反而更自律的情况完全归为圣人素质了，因此可以认为并不违反中华文明世界观。这样做有什么好处呢？好处就在于，我们在研究社会治理过程中的权力设置问题时，必须同时考虑权力制衡的办法，而不能将希望寄托在圣人政治上。我们不排除圣人政治的可能，但从更长远的角度看，圣人政治给人们造成的对圣人的依赖性可能是社会更大的潜伏危机。因为对圣人的依赖，产生的一个直接后果就是依赖者自身参与社会治理的懈怠，影响人们在社会治理过程中积极作为能力的形成，从而导致社会治理结构他组织程度的上升和权力制约程度的下降，为权力腐败拓展了空间。

我们用图3-1-1-1和图3-1-1-2示意了自然科学与社会科学贯通前后的区别，希望读者能借两图加深对大科学体系的理解。

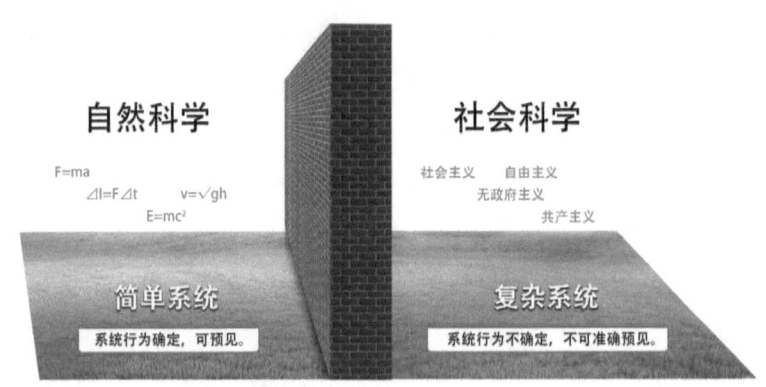

图3-1-1-1显示的是传统科学体系下的自然科学与社会科学的割裂状态。传统科学体系内有一个称为系统学的学科，它虽然在一百多年前就将研究的视角延伸到系统概念上，并且也注意到社会科学领域的研究对象同样具有系统的所有特征，与自然科学领域的建筑、火箭、飞机一样，但由于它的思维方式没有摆脱现代主义的束缚，因此最终

未能突破自然科学与社会科学之间的鸿沟。传统系统学对此的解释是：自然科学研究的对象是简单系统，即系统的行为是确定的，也是可以准确预测的；社会科学研究的对象是复杂系统，即系统的行为是不确定的，也是不可以准确预测的，从而在表面上暂时避免了同是系统却不能用同样的方法进行研究的尴尬状态。

图3-1-1-2显示的是在大科学理论体系下，自然科学与社会科学贯通后的状态。既然大科学是中华文明世界观指导的理论体系，那么它就自然不承认传统系统学对简单系统和复杂系统的划分，当然也承认自然科学与社会科学之间存在不可逾越的鸿沟。在大科学理论体系看来，所谓的简单系统的确定性不是绝对的，仅仅是在一定条件下才可以重复和预测的行为规律，但即便是在一定条件下，这种重复性和预测性也不是绝对，只不过我们未感受到而已。同样复杂系统的不确定性也不是绝对的，它们在一定的条件下也会呈现出明显的可重复性和可预测性。如在图3-1-1-2中所示，对一个经过很多次考验的诚实孩子靓靓来说，我们可以给她下一个评语，靓靓是一个诚实的孩子，即靓靓

≈诚实。因此，只要我们把自然科学的等式改成约等式，就可以打破矗立在自然科学和社会科学之间的那堵"墙"，这个改变意味着我们的世界观发生了改变，即将承认绝对真理的世界观改变为中华文明的世界观。"墙"被拆除，标志我们将可以用同样的研究方法将自然系统与社会系统放在一起进行研究。当然，在具体研究过程中，自然科学与社会科学仍然会表现出不同的个性，如自然科学可重复和可预测的程度更高一些，社会科学则相对较低一些，或者说在一些自然科学领域，控制条件本身更容易重复，而在社会科学领域控制条件则相对难以重复。但这种区别只是程度上的差异，而不是质的根本不同。读者在下节将看到，在大科学理论体系下，像组织定律这样可以被称为定律的规律性研究成果，通常既可以适用于自然科学，也可以适用于社会科学。

第二节 大科学理论体系，新研究方法

在研究方法问题上，大科学理论体系也与传统科学的研究方法有着本质上的不同。作者将传统的研究方法概括为两种：一曰筛选法，即从解集中筛选出对的解，如图3-2-1-1所示。筛选法成立的前提是，解和问题是截然分离的，就像天然钻石与其他杂石可以明显加以区别的情况一样；二曰提纯法，即从解"矿"中将对的成份提炼出来，如图3-2-1-2所示。提纯法成立的前提是，虽然在自然状态下"解元素"与其他元素混在一起，但"解元素"本身是纯洁的，问题元素也是纯的，只不过不像钻石那样具有高富集度，可以通过技术手段将其与其他元素分离出来。在前面阅读的基础上，相信读者不难看出这两种方法都有重大缺陷，即将对与错以及相关的所有概念都绝对化了。请注意，我们在这里只是说传统的研究方法存在重大缺陷，并不是完全否定传统的研究方法。实际上，在一定的条件下，对有限的目标来说，传统研究方法 仍然是有效的。但如果我们将这种局部的有效性无限地夸大就有可能犯严重错误。例如，如果我们不顾条件的限制，将$F \approx ma$，靓靓$\approx$诚实的孩子，表达为$F=ma$，靓靓=诚实的孩子，都会在一些场合引发错误。读者可用老子定律：解可解，非恒解；对可对，非恒对，对传统研究方法的缺陷自行分析一下。

在大科学理论体系下，我们必须将研究方法转换为光谱法，即用光谱或色谱的思维方式来看待一个具体的概念。具体说，红色并不是简单的红色，而是其他各种颜色叠加的结果，我们永远都不能"提炼"出绝对的纯红色。在研究中为什么要使用色谱方法？这是由世界观所决定的，我们大致可以将世界观分为三种：第一种，以现代主义为代表

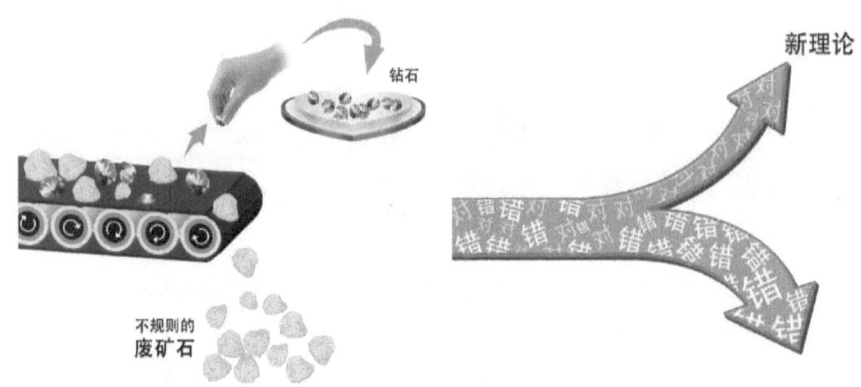

图3-2-1-2 传统研究方法提纯法示意图

的确定性世界观,它承认有绝对真理,主要问题表现在不确定性的迷失;第二种,以后现代主义为代表的不确定性世界观,它否定绝对真理的存在,可视为对现代主义的矫枉过正,主要问题表现在对确定性的迷失;第三种,中华文明的世界观,它介于第一种和第二种世界观之间,在否定绝对真理的同时也肯定确定性和不确定性的普遍意义。因此,我们可以将中华文明的世界观视为第一种和第二种世界观的"中庸",显然第三种世界观改善了第一种和第二种世界观的缺陷。我们可以用图3-2-1-3所示的色谱图来表达三种世界观之间的关系,第一种世界观位于色谱的确定性一端,第二种世界观位于色谱的不确定性一端,第三种世界观位于色谱的中部。可以看出,第三种世界观具有更大的思考和行动空间,既可以有效地减少现代主义中各种主义所犯的那种忽略不确定性的错误,也可以减少激进的后现代主义所犯的那种畏惧确定性的错误,从而尽最大可能地维护了我们的研究视野和空间,当然也更有利于得出丰硕的成果。举二个例子加以说明:1、腐败。传统的研究往往简单地将腐败解释为权力腐败，因此容易产生另一种倾向即片面地强调对权力的限制。但在大科学理论体系下，腐败并不是简单的权力腐败问题，还存在非权力腐败的问题，即当一个社会缺少权力的约束会导致失去必要的秩序，使得各种自私现象孳生、蔓延。即便在有权力约束的情况下，各种自私行为也会想方设法地突破这种约束，谋取不当利益。如用假发票报销，突破财会纪律的约束；用私搭乱建谋求更多的国家补偿；用黑客手段突破防火墙的阻挡，套取个人信息等等。作者将这种腐败称之为非权力腐败。

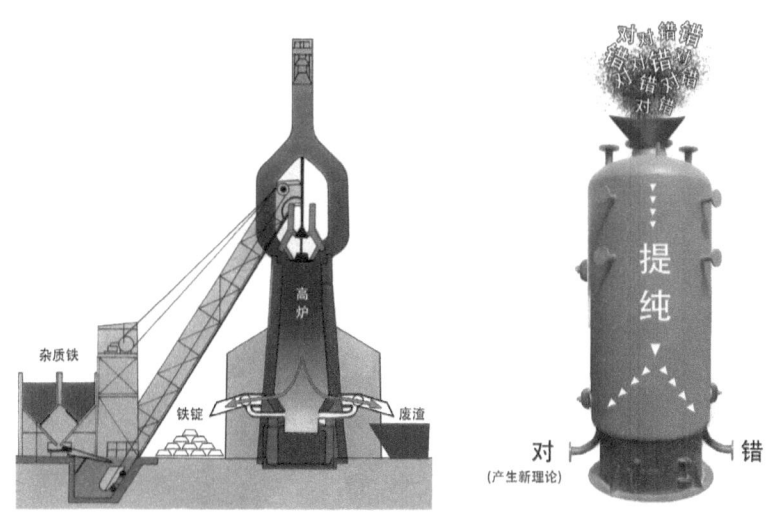

图3-2-1-3 大科学理论体系的光谱思维方法示意图

非权力腐败的存在为权力的正当性提供了支持，也就是说权力在非权力腐败嚣张之时应当得到加强而不是削弱。这样去理解腐败显然已经比传统方法有了进步，但这还不够。因为，尽管我们对腐败做了进一步拆分提出了非权力腐败的概念，但不管是权力腐败还是非权力腐败仍然也都不是绝对的，它们之间并没有绝对的界限，例如权力寻租现象就是权力腐败与非权力腐败交合的结果。因此，我们还必须再进一步用光谱分析方法加以研究，得出适合本系统的动态的权力设置方案。2、民主。与腐败一样，民主也是一个光谱概念。在大科学理论体系里，任何一个系统都要通过组织来维持其存在，而系统的组织过程又分为自组织与他组织。所谓自组织是指，系统成员自己组织自己，使自身的行为产生规范，如自觉在公共场所排队；所谓他组织是指，由他人对该系统成员实施组织，如现场管理者要求不排队的人排队。光谱研究方法指出，他组织和自组织也都不是绝对的：任何人在组织别人的时候，自己也都被别人组织着，如彭丽媛叫"老习，吃饭了"，在吃饭这件事情上，主席是被老婆组织的；任何人在组织别人的时候，自己也会被自己组织，如习主席主持政治局会议，自己当然也要按时按点到场。那光谱研究方法有什么具体意义呢？它告诉我们民主并不是绝对的，它只是对自组织程度的一种度量。简单地说一种制度不民主是不对的，简单地将一种所谓的民主制度强加给所有的社会系统也是不对的。不问青红皂白，将民主永远放在优先位置同样是不对的。例如对一些非权力腐败盛行的社会，恐怕加强他组织是更为优先的任务，如索马里、利比亚的现实情况。即便对于那些自认为已经民主了的国家，民主也是需要动态调整的。有时、有的领域，他组织程度要加强，自组织要弱化，如放任自由经济过了头，就需要加强监管；而在另外一些场合，则情况可能需要反过来，如总统或国会的权力过大，自组织程度就需要加强。显然，光谱研究方法更贴近社会系统的实际情况，也更有利于及时产生社会系统的有效治理方案。下面我们将再举一个跨越传统自然科学和社会科学局限性的综合研究的例子，以彰显大科学大视野的优越性。

在第一编第一章我们介绍了老子定律，老子定律更多体现的是人类对事物普遍规律的认知，并未直接向人们提供如何展开具体研究的方法。但如果我们将这个定律放到大科学体系中,读者将发现其面貌发生了很大变化,研究者可以从中得出很多具有现实意义的结论。在大科学理论体系中,老子定律被称为组织定律,它有两种表述形式:

一、组织定律的熵表述形式:在任何一个系统中,当维持该系统某种秩序的组织努力保持不变时,则对应于这种秩序的熵只会增加不会减少。为节省篇幅,有关组织定律的详细解释读者可参见《社会系统学的基本原理》一书,作者也会根据自己的研究进展及时出版新的研究成果,这里作者仅通过几个例子来帮助读者对组织定律有一个初步的理解。

当一幢房子盖好了以后,如果我们不继续翻新改造,则这幢房子只会变旧,不会自己变新。房子如此,车、衣服、艺术品等任何人工制成的物品也都是如此;当造山运动停止后,山脉只会变矮变小,不会增高变大。山脉如此,河流、钻石、金块、沙粒等任何自然形成的物体也都是如此;当一个单位的规章制度制定出来以后,只要组织者不在此基础上做出新的努力,则该制度所产生的约束作用只会变弱,不会变强。单位的制度如此,国家的制度也是如此。由这些例子我们可以看出,组织定律的这一表述形式实际上揭示的是一种被人们称为时间之矢的现象,或者佛教所说的不可逆现象。并且组织定律还进一步解释了这种现象的成因,即为什么会出现这种情况,这在传统科学体系中是做不到的。以房屋为例,由于建造房屋的组织努力是在众多来自系统外和系统内的、目的各异的其他组织努力背景下实施的,当你建造房屋的组织努力停止后,其他那些与你建造房屋目的不一样的组织努力仍在继续活跃着,地球引力还在、风照常吹、雨照常下、日月照常运转、铁和氧分子照常"相亲相爱"、细菌照常在木头上繁殖、白蚁照常要进食等等,而所有这些其他的组织努力综合作用的结果只能是使房屋变旧,而不是变新。在这个过程中,我们并不排除某些有利于保持房屋结构的其他组织活动存在的可能，如铝材表面的氧化有利于阻止铝材内部继续被氧化，但是我们实在不能想像这么多"各怀鬼胎"的其他组织努力，能够总是自觉地与你的目的保持一致，帮助房屋实现万寿无疆。通过这个实例的讨论，我们可以得出一个非常重要的结果，就是对熵本质的认识。自一百多年前经典物理学的热力学第二定律提出熵概念以来，自然科学家始终不能解释熵概念的实质，虽然他们意识到熵是与系统的秩序相关的状态函数，但是却不能解释这种相关性是如何建立的，又为什么会表现出时间之矢的特征。现在我们清楚了，以前的科学家之所以产生这样的困惑，是因为他们没有将熵概念与具体的组织努力挂钩。而组织定律告诉我们，熵并不是一个可以独立的概念，它必须依附于特定的组织努力过程才能谈及，否则它是没有意义的。运用光谱分析法，我们知道任何一个系统的组织状态都是无数组织行为叠加的结果，这决定了研究者无法分离出单一的组织行为，当然也就无法准确提取出对应于某一组织行为的熵函数，因此我们对任何具体的组织现象的研究都不可能做到绝对的精确。但反过来说，我们对任何特定的组织行为的研究也因此获得了永生，即永无止境。

二、组织定律的反永动机表述形式：在任何系统中，对任何一种组织努力而言，它都不可能达至组织目标的极致。这个表述的结论其实就是老子定律。但这个表述明显比老子定律更系统了，因为它不仅给出了结论，而且还解释了原因。如我们在对前一表述的讨论中所说，在任何系统中的任何组织努力都是在无数来自系统内外的其他组织努力背景下进行的，这些组织努力的目的不可能与该组织努力保持绝对的一致，因此该组织努力要实现自己的目标就必须克服其他组织努力的影响才可能获得进展，显然不管该组织努力具有多大的能量都无法克服其他的组织努力产生的所有影响，因此该组织努力不可能达至其目标的极致，除非这个目标本身就是有限的。我们将实现了某一目标的极致称为永动机，意即一旦实现了这个目标我们就没有什么可以再继续追求了，到头了。组织定律的第二种表述形式可以简单地表达为：任何永动机都是不可能实现的，不管这种努力是人实施的，还是自然力量实施的。因此我们将这种表达形式称为组织定律的反永动机表述。根据以上讨论，我们可以看出，所谓经典物理学的第一类、第二类、第三类永动机只是所有永动机类型中最明显和最简单的几种。实际上，在日常生活和研究中，永动机的错误仍然是非常普遍存在的。想必读者从本书前面的讨论，特别是对老子定律的讨论，对此已经深有体会了。

通过以上对组织定律的介绍，读者是不是发现了大科学理论体系与传统研究方法之间很大的不同，除了更大的视野，更广阔的思想空间这些明显的优点之外，你还会发现那个被称为哲学的家伙已经不再可以骑在你的头上指手画脚了，而你的研究结果本身就直接反映着事物的普遍规律。

第二节 当学生也当先生

作为引子，我们先谈一谈读书的态度问题。当我们读一本书，尤其是在研读一本严肃的理论书籍时，吸收与批判这两种态度是缺一不可的。如果你读完一本书，只有收获的感觉，没有怀疑和批判的冲动，说明你的收获是有问题的，应当打上一个问号，而且这种收获的感觉越强烈，问号就越大。因为这说明你没有认识到所谓收获背后的不确定性，说明你的思想并没有被真正调动起来，进而还说明你收获的可能不是稻子而是稗子。这是因为收获与批判分别对应于中华文明世界观所讲的事物共有的确定性与不确定性两个方面，收获对应于确定性，批判对应于不确定性，既有收获也有批判才有可能是对事物较为全面的认识。当然，既有收获也有批判并不代表你的阅读就一定是成功的，因为这里同样存在不确定性，甚至还有颠倒黑白的可能，但如果我们是抱着这两种态度来完成一次阅读，你获得真实能力的机会应该就更大一些。

下面我们将一篇曾在网络上较火的题为"重读弗兰西斯·福山"的文章作为一个实例来具体讲解读书的态度问题。选择该文章是因为：1、正好作者在本书中专门花了一节讨论福山，在内容上可以呼应；2、该文作者是一位年轻学者，二十年后重读福山可以说是精读，因此在阅读方法上显现的问题就更为典型。

该文开宗明义："如果说将一种源起于西方的政治制度视为"历史的终结"是一种傲慢，那么，对政治实践中如此伟大的探险冷嘲热讽又何尝不是另一种傲慢？"显然，该文作者是认同福山的"伟大探险"的，该文的目的是伸张福山的"探险"成果。然而在读了那么多年福山之后，该文作者在阅读方法上始终没有大的进步，只吸收了没有批判，起码批判得不够。在政治学领域为什么存在大量的"傲慢与偏见"？是现代主义的绝对意识在作祟。正是这种绝对意识引发了大量无处不在的、被作者称之为"第一种人战争"的意识形态冲突，围绕福山"历史的终结"所展开的争论只不过是其中之一而已。如果你只是抱着一种绝对的是非观来参与这场争论，就只能起到火上浇油的作用，是无法消减分歧的。关于福山的争论之所以能在二十多年里"长盛不衰"，表明争论的双方都存在阅读态度的问题，一方只吸收不批判，而另一方只批判不吸收。要在阅读中将吸收与批判当作一种自觉意识，除了转变自身的世界观这个前提外，还有一些技巧，作者总结为：先读作者的方法，读世界观。具体说，在读一本书，特别是学术著作时，先大致浏览一下全书的论述体系，以便对该书作者的叙事方法和世界观有一个大致的了解。如果作者的世界观是现代主义的，这时你不要把关注点放在具体结论上，因为无非是某一个确定性很强的答案，而是要将关注点放在他或她的叙事方法上，即怎么得出的结论。在现代主义内部叙事方法早已经被人们概括为各种主义，这些主义往往是以其核心概念冠名的，找到这种核心概念后，你就可以很容易做到有的放矢，针对概念的绝对展开批判。当然，你的批判一定不应当是绝对的批判，而是要带有吸收的批判，否则你会犯一样的错误，阅读也就难有大的收获。

我们再来看"重读法兰西斯·福山"一文，作者是带着简单的是非观进行阅读的，结论自然不是褒就是贬，这与它的对立面采取的阅读态度其实是一样的，因此阅读的结果只不过是延续各自的"傲慢"，谁也说服不了谁。反观本书"妄想的历史终结"一节，本书作者读的是福山的世界观，读的是福山的叙事方法，孰优孰劣读者完全可以自己判断。不仅是读福山，读其他著作也是一样，如果你只是在简单的是与非中间绕来绕去，不要说读二十年，就是读一辈子也不会有大的进步，这样去读书，并在此基础上去写书对你自己的读者也是不负责的。我们当今的社会之所以冒出那么多的"愤青"、"愤老"来，与这种不良的读书和写书风气是不无关系的。

对那些所谓哲学修养不足的读者来说，有一种简单易行的方法可以帮助你的阅读，就是在第一步的浏览过程中留意作者使用确定性表达词汇的态度，如果这个作者非常自信地使用"什么是什么"、"完美"、"绝对"、"未来将必然如何"等等这样的表述时，这本书最好就不读，因为你从中受害的可能也许要大于从中受益的可能。作者常对一些炒股的朋友说，如果某一个股评家对你说，某某股明天必涨、股市今年将涨2000点，你当他是个骗子就好了，千万别理会，其实这中间的道理是一样的。当然，有些书的作者自己世界观就是如此，他写书的出发点可能也是善的，但那是他的事。作为读者，你读书的目的是受益而不是受害。从这个意义上说，作者是不赞同"开卷有益"这个说法的，人一生读书的时间毕竟有限，读书当然也应当有所选择。例如：虽然都是现代主义体系内的哲学家，作者就建议读者如果要读的话就读康德，不要读叔本华；都是自由主义理论家，要读就读洛克，不要读罗尔斯。康德我们在"借一只碗讲主义"时已经读了一点，即便是现代主义世界观的康德在使用"是"的时候也是非常慎重的，如他在强调上帝的作用时也只谨慎地说：假设上帝的存在是必要的。这不是简单的语言习惯问题，而是思想家的基本素质问题。再看叔本华的著作，你可以发现"什么是什么"这类表述满天飞，随举几列："信仰的本质**就是**宣示不可知的东西"[1]、"信仰教给我们的，**不能**与哲学的结论连在一起"[2]、"总而言之，信仰与知识**是**两个**完全**不同的东西，两者必须**严格**地分开"[3]。而这三个例子竟然是叔本华在讨论宗教是什么的一篇文章的一页中出现的。作者在浏览了一下叔本华这本书后，随即写了一句眉批：这本

---

1. 叔本华著，崔岩译，《论哲学与智慧》，中国画报出版社，2013年3月第一版，第204页
2. 同1.
3. 同1.

书也许是那类不值得花很多时间去读的书之一，支离破碎，一个人如果经常用近乎绝对的语言去反驳他人时，他可能就是不值得别人再去反驳的人。叔本华别怪我，我努力了，但实在读不下去，您的大作比康德差了很多，也远不如您的对手黑格尔。为什么作者建议读洛克而不读罗尔斯，其中的道理我们在"最牛的主义"一节中已经谈到。说实话，如果不是为了找反面素材，作者是不会选择读福山的书的，理由很简单不值得去读。这并不是说福山的书没有价值，没有可吸收的东西，而是因为这类书在思想性上可借鉴的东西太少。试想，对大多数普通读者来说，如果读福山的书，他们是受福山世界观影响的可能性更大，还是能自觉排除他的世界观影响，吸收其中积极成份的可能性更大呢？作者以为是前者的可能性更大一些。

慎用"什么是什么"是老子定律告诉我们的，虽然现代主义不承认老子定律，并将其归为相对主义，但作者奉劝那些暂时还未转变自己世界观的读者相信老子定律比不相信老子定律对你们的益处要大，起码在阅读中如此。注意作者此前所说的"哲学修养"在相当程度上是贬义的，因为在当今理论界现代主义仍然是主流，所谓"哲学修养"可能更多的是现代主义修养，读者没有这样的修养从一定意义上说可能是好事，你们只要记住老百姓常说的一句谚语"天上不会掉馅饼"就行了。我们这个世界是没有"永动机"这样的好事的，"这个就是那个"实质上就等于"永动机"，在这个叙事过程中已经没有思想可以存在了。从叙事的角度说，如果A就是B，说明A与B没有任何不同，你的叙事等于没有向前推进；如果A与B有不同，那你为了证明A是B就必须用一套严谨的逻辑由A演绎或归纳出B，实际上现代主义一直在做的就是这件事，区别仅在于从这个角度做还是从那个角度做而已。但不管怎么做，两千多年了没有一次是做成了的。如果还有读者不理解作者的良苦用心，你们不妨用机会主义的态度去理解作者反对"是"的观点，既然无数的人试图证明绝对的存在都不成功，那么我们就有足够的理由认为下一次这样的证明也将是不成功的。起码这种貌似机会主义的态度能够减少我们在阅读中受害的几率。作者可以负责任地告诉所有读者，凡是想说明A就是B，或者A就是起点，B就是终点的文章，它们的结局一定是从哪儿起步，就从哪儿跌倒。历史上不乏这样的事例，某个人在冥思苦想后，欣喜若狂地大声高呼：我彻底解决哲学问题了！但用不了多久，他就会再一次陷入迷茫，更大的迷茫。因为，他会发现自己一大堆证明的第一步就是错的。读者会说，你在这里也使用了绝对的表述，是的我承认，但这种"是"是包容了不确定的"是"。在这个问题上福山显然是嫩了一点。从出书的角度说，多用是的思维有利于多产，因为事物之间有普遍的相关性，A事物与B事物，你只要多绕几道弯就能发现，它们是相关联的，但读者一定要区分，A与B相关不等于A是B，前者是事物的普遍性，后者则犯了绝对的错误。在叙事过程中，当我们不得不用是来表达时，最好的做法就是将其适用的条件和范围交待清楚，或者通过语境加以限定。

如"重读弗朗西斯·福山"一文作者所说，福山后的福山对"历史的终结"是有反思的，或者说是有一定批判的："一个制度是合理的并非意味着它是必然的，它在今天"只能如此"也不意味着它在将来也会"一直如此"。这种批判在不自觉中似乎已经有一点老子的味道，其实在叙事方法上后福山仍然延续着围绕核心概念展开的现代主义老手法，并未突破被概念束缚的窘境。"重读弗朗西斯·福山"的作者虽然读出了福山的前后变化，在理解福山上做到了相当程度，也有具体观点的不同，但这种不同还属于现代主义体制内的不同，同样困惑于福山的"困惑"，未能帮助福山脱困。究其原因，这前后两个作者都陷在"泥里"，当然谁也帮拽不了谁。要知道主义们之所以陷于主义中，是因为它们总把某一或某些概念想像成一个个纯的概念。事实上任何概念都不是纯粹的单一概念，自由包含着平等、公平、正义；民主包含着专制；确定包含着不确定；物质包含着精神。概念与概念之间是没有绝对界限的。我们永远无法彻底摆平自由与平等、专制与民主、物质与精神、客观与主观之间的冲突，不是我们尚不能找到它们之间界限的问题，而是缘于它们之间本就没有绝对的界限。就像我们反复举过的生命与非生命的概念一样，它们之间本来就没有绝对的界限，否则非生命就不可能产生生命。因此在叙事方法上、世界观上如果没有突破，不管是新福山还是老福山就不会从根子上摆脱烦恼，他们所能做的不过是从一个烦恼转到另一个烦恼上。也许有读者疑问，不纠缠概念就无法叙事，其实这是误解。叙事当然离不开概念，但这不等于必须在绝对概念的基础上进行叙事，不在绝对基础上进行叙事其实是很自然的，我们日常绘画就是很有代表性的叙事过程，要知道任何颜色都是由无数其他颜色叠加的结果，而不是单一的颜色，我们不是绘得很自在吗。作者与"重读弗兰西斯·福山"一文的作者在读福山这个问题上最根本的分歧在于：我认为福山的研究并不是一个"伟大的探索"，而只算得上一个现代主义的故伎重演；福山的结论也没有太多的新意，更多的是一次失败的新尝试。为避免误解，作者在此还是要强调一下，作者与福山和"重读弗朗西斯·福山"的作者在对自由民主积极作用的认识上是有相当多的交集的，作者的批判并不是对自由民主积极含义的批判，而是对绝对的批判。批判的目的是为了更好地追求自由民主，让自由民主更有效地发挥作用，而不是反过来。也许"重读弗朗西斯·福山"的作者本意是想借题发挥，批判另一种迫在眉睫需要反对的绝对，即专制。但该文的作者借题借的不好，历史可以以福山的方式终结，就可以以"李山"或"王山"的方式终结，不走出现代主义的理论体系是不能展开有效批判的，反而会使读者吸收了不该吸收的东西，从另外一个角度帮了绝对的忙。

将前面的讨论推而广之，我们会发现读书是阅读，生活其实也是一种阅读，甚至可以将一个人的一生理解为阅读的一生。再扩大视界，人生如此，人类的文明何尝又不是如此呢？一个文明与其他文明交往的过程其实也是相互阅读的过程。与简单的读书阅读不同的是，文明的阅读是一个互动的相互阅读过程，在你读其他文明时，其他文明也在阅读你。既然我们将文明间的交往比作阅读，这中间当然也就存在方法问题。我们在前面推荐的阅读方法对文明的阅读也是适用的，不过在这里仍使用批判一词显然不够"外交"，不利于友好交往。因此，我们将文明间的阅读方法概括为：当学生也当先生。

也许是现代主义仍处于主导地位的缘故，在不同文明之间的相互阅读这个问题上，从近现代以来西方文明表现得更好为人师一些。当然，这种好为人师能"师"得起来，是有硬实力作为后盾的，也是有其所谓的"好表现"作为表率的。相对应地，从近现代以来中华文明似乎更愿意当学生。当然，肯当学生也是事出有因的，技不如人，想"师"也师不起来。其实，好为人师和甘当学生都是不好的阅读习惯，前者重批判不重吸收，后者重吸收不重批判，两种习惯都应当改一改。这是一个双向的教与学互动过程，在中华文明重新认识自己文明的精华，并结合当前社会条件加以改进，大胆地向其他文明进行宣讲，同时将自己囫囵吞枣所学知识中的糟粕加以批判，勇敢地当起先生的过程中，对西方文明来说，就自然是一个发现新知识，认识自身不足的过程，只要老师教得好就不愁学生不学。教别人不等于只教不学，学别人也不等于只学不教，不管是教也好，学也好，目的都是使我们所处的社会环境得到改善。

为了当好先生，我们自然要备好课，要对学生负责。本书的第一编其实就是在做这件事。我们可以教西方文明的东西大致可归纳为：中华文明的世界观、老子定律、中庸和谐的社会观、中华文明价值体系忠、孝、仁、义、信、悌、亲情等等的积极成份、在国际交往中讲己所不欲勿施于人。在教的过程中，我们也可以借用一下黑格尔的辩证法，将自己从西方文明学到好东西揉和在一起，创造出一种类似于"合"状态的新知识类型施教，以便于学生的理解。当然，这个创新过程对我们自己也是再学习的过程。

同样地，为了当好学生，我们不仅要勤于学，还要善于学，能消化。我们不能简单地将消化理解为：吸收到有用的东西，排除有害的东西。因为如我们反复强调的，概念不是绝对的，有用与有害也不是绝对的。此时可能有用的成份更多一些，彼时又可能有害的成份更多一些。因此，吸收与批判必须贯穿学习的始终。

敢教、能教、教得好，与肯学、善学、学得到是有密切联系的。老子将文明的阅读过程概括得很好，叫作"知人"与"自知"。所谓知人，既是学习也是批判；所谓自知，也是学习与批判并行的过程。这中间既凝结有西方文明的智慧，也渗透着中华文明的智慧。学习与批判，或者知人与自知的目的当然是为了"自强"，而自强的目的不是为了将来和别人比拳头，用更大的拳头获取更大的自身利益，而是为了让自身的发展更健康，也让别人的发展更健康。有很多人从单纯利他的角度去理解"雷锋精神"和"国际主义"，这是很片面的。作者将利他与利己的兼顾称为智慧的利己，只有既利他也利己，你的利己才是可持续的。也只有在智慧的利己基础上，教才能教出价值，学才能学得有动力。

第三节　相向而不是对立与中国梦

在文明的交往中，端正教与学的态度，营造良好的"阅读"氛围，有利于不同的文明相向而行。为什么要相向？因为相向意味着你的行为和说辞我能理解，同样我的做法和理由你能认同，这样的社会更加和谐。尽管我们知道相向不是绝对的，这里既没有绝对的标准，也没有绝对的目标。但在实践中你会发现，大家越是不绝对，就越是容易产生相向的趋势。因为，起码我们可以减少大量的第一种人的战争，更容易获得妥协。

人类社会的问题基本上可以归结为不同的社会系统之间的交往问题。我们提出的所谓相向概念是指，不同的文明、不同的文化、不同的宗教、不同的国家、不同的民族、不同的人为了和谐相处分别从各自的角度自觉地作出努力。首先，相向的目的不是追求任何一种"一致"，而是力求减少伤害。因为所谓的"一致"是违反组织定律的永动机错误，也是不可能得到的，追求一致的结果必然适得其反，带来更为严重的伤害。绝对的善，必然是绝对的恶。其次，相向不是片面的单方行动，而应当是一种互动。因为只有善的互动才更符合人的社会依赖和利己本能，才是可以长久维持的。一味地单方示善的结果有更大的可能是孳生受善一方的依赖心理，既不利于受善一方社会依赖与利己本能的合理调整，也不利于释善一方的调整，其结果自然难以产生相向的趋势。再者，相向应当是各方的自觉行为，而不是强迫行为。相向的自觉是相向能否产生的关键，因为相向的自觉度取决于行为者对和谐必要性认知的程度，也就是说行为者越意识和谐的必要性，它采取相向的自觉性就越高。显然，自觉是需要培养的，也是可以培养的。自觉是可以教的，也是可以学的。结合在上一节提出的智慧的利己概念，我们可以把人类社会的和谐度与人类社会的整体智慧度联系起来，而和谐度的核心又可以归结为人的本能中的两个基本要素，即社会依赖与利己的兼顾程度。既然我们所说的相向的基础是建立在人的本能之上的，它就是一种众望所归的大同，当然这种大同是与传统理念中的大同是大有不同的。它是对所有的善都能包容的大同，而不是建立在某一种善的绝对统治基础之上的。它不是永动机的实现，而是反对各种永动机的实践。从这个意义上说这种大同具有更大的胸怀，可以包容更大的不同。它唯一不能包容的就是绝对。

由以上讨论可以看出，相向所追求的大同只能建立在中华文明世界观基础之上，在现代主义环境下是实现不了的。虽然道理我们在前面已经谈过多次，但在这里再讲一次也不多余，因为现代主义苦心经营了数千年，实在是根深蒂固。我们很有必要逮着机会就讲一讲，换不同的方式，从不同的角度反复讲，虽不能指望很快根除它的影响，但多少能起到此消彼长的作用。现代主义的实质可以说就是强烈的是非观，现代主义意识越强，这种是非观就越激烈，排他性也就越明显。而在现实世界中，绝对本来就不存在，因此追求现代主义大同的结果必然是越追求越不同。就拿最近发生的ISIS迅速扩张的事件来说，提起这个组织，凡有正义感的人士莫不恨之入骨，它屠杀平民百姓、枪杀俘虏、围剿持不同信仰的族群、还常将人质砍头。但不知大家想过没有，那些ISIS的战士们认为他们才是正义的，他们从事的是一个真正善的事业，为追求这个事业他们自己可以慷慨就义。事实上我们如果去了解他们的信仰，除了绝对这个东西外，看到的也都是对善的表达。但为什么他们的行为从大多数人的常识角度观察，是非完全颠倒了呢？是绝对，是现代主义埋下的祸根，客观地说我们大家应当真正恨的是现代主义的世界观，而不是那些"勇敢"的战士。也许我们从大家的安全利益考量不得不动员起来消灭这些"恐怖分子"，但从逻辑上说，我们把消灭这些"恐怖分子"的行为表达为正义是不成立的，因为在现代主义的语境下，正义只有一个，是绝对的标准，那么只要这些"英勇"的战士能够指出哪怕一点点你的不是，他们就有理由否定你的正义，事实上我们不管是谁也的确不能保证自己的行为是绝对堂堂正正的，一丁点儿邪的歪的都没有，难道不是这样吗？邪存在于现代主义世界观的每一个角落里，存在我们每一个人的意识中，所不同的只是显和隐的程度而已。大家都是现代主义的卫道士，又谈何你无情，我无义呢，我们都流着一样的"血液"。读者当然读得出来，作者并不是真的在为ISIS做辩护，作者只是借这个例子告诉大家，现代主义才是罪魁祸首，否则即便你今天消灭了ISIS，明天还会冒出ITIT，不过在现代主义的祭坛上多了几个祭品而已。现代主义这个庆父不死，鲁难难已！

在对付"庆父"这个问题上，中华文明可以堪当重任，因为中华文明的世界观正是屠"庆父"这个"老贼"的一把利剑。作者以为人类历史发展到今天，我们对世界的认知正处于一个重大的转折关口，即由现代主义世界观向中华文明世界观转变的时间节点上。这对中华文明来说是一个非常重要的机遇期，因为在这个问题上我们具有其他文明所不具备的传统优势。当然我们这里所说的机遇期并不是指传统意义上的对中华文明单方发展有利的时机，更多地是强调中华文明在人类社会共同发展进程中所应尽的责任。中华文明如果能尽早地认识到，并积极承担起这种责任，不仅对自身的发展有利，而且对其他文明的发展也有利。

中华文明世界观的传播不同于现代主义的传播，它强调的是"悟"而不是"牧"，是一个可以不断展现魅力，彰显亲和力的过程。随着中国实力的提升，中国义不容辞地要承担更多的国际责任，如何适应角色的变化，如何构筑与自己硬实力相匹配的文明形象，以及如何在治理国际秩序的过程中发挥积极作用，传播中华文明的世界观无疑是一个绝佳的落脚点。传播中华文明世界观的过程实际上就是普及和谐社会认知的过程,将其与国际秩序的治理实践联系起来,既可以减少充当国际"警察"的霸权形象,也可以在涉及自身利益的具体外交实务中保持足够的弹性空间,减少发生直接冲突的几率。这是因为,中华文明世界观越是普及,那些极端的意识形态和极端的利益诉求就越容易成为众矢之的,这与现代主义主导下的国际关系是有质的不同的。

说实话作者不太喜欢软实力这个词:都是有思想有智慧的人凭什么你就有这样的实力,我就没有呢?这是其一;明明你是在捞取自身的利益,却还要说得冠冕堂皇,把别人像训孙子似地训来训去,训完了还要把你兜里的钱拿走,说是该付的学费,中国有句俗话管这叫"当婊子还要立牌坊",这是其二。虽然我们知道约瑟夫·奈(Joseph S. Nye. Jr)发明这个词的原意不是这样的,但在现实中西方很多政治家的确是这样做的。中国向外输出中华文明的世界观显然不是这样的软实力展示的过程,这是由中华文明世界观本身要求所决定的,我们只讲一件事,即绝对是不对的,这中间没有必然的利益关联,或者说没有必然的"商业盈利模式"。当然我们承认,做这件事对中华文明自身的长远发展也是有利的,那是因为当越来越多的人认识到绝对的危害后,减少了绝对的行为,使他们自己获益了,作为在同一个地球上生活的我们来说,环境更好了,当然也是受益者。从这个角度说,你不获益,我也获不了益,你受益得越多,我的获利也就越多。大家都获益,相向才能产生。这种获益是一种良性循环,在世界观问题上我们越是能在中华文明世界观上实现大同,获益的可能性就越大。这就是典型的智慧利己,在利了他人的同时也利了自己,还为社会的进步做了贡献,有什么事情还能比帮助人们转变世界观更能展现这种智慧利己的魅力呢?

中国新一届领导人上任伊始就提出了两个百年中国梦的宏伟设想,可以说恰逢其时,把握住了时代的脉搏。作者以为创造一个易于实现美好梦想的社会环境比实现一些具体的目标更重要，甚至我们可以说这种环境本身就是中国梦。从更大的视角理解中国梦，它不应当仅仅是一个国家、一个民族、一个文明自身的梦，而应当是人类共同的梦。因为，如果一个国家的梦想对其他国家是梦魇的话，那么这个梦想是难以实现的，即便成就了也可能只是昙花一现。梦，不是一个新话题，但也可以说永远都是新话题，因为她总会随时间、条件、环境的变化产生新的内容，也会因不同的人做不同的梦。今天，我们在这样一个历史转折关口提出中国梦是有深远历史考量的，它正契合了全球化大趋势带来的相向而不是对立的迫切政治需求，宣示了中华文明在沉沦了二百多年后，经过几代人的洗心革面、自新自强的努力，将以一个全新的面貌承担起与它日益增长的实力相适应的国际责任，通过展示中华文明的智慧和魅力来为营造一个和谐的造梦环境作出自己的贡献。记得美国现任总统奥巴马刚上台时，踌躇满志地想给美国带来改变，给世界秩序带来改变，开始时他也确确实实地做了一些事情，如在促进世界少核、无核化方面。但不幸的是，他后来向单纯的利己思维妥协了，他的一句话："我首先是美国人民的总统"，最能代表这种妥协。应该说这句话也没有大错，如果说这句话让非美国人听起来多多少少有点不舒服的话，是因为它缺少了一点政治智慧。作为一个国家的领导人，特别是作为一个现今处于世界领导地位国家的总统，他对其他国家的人民也应当说出负责任的话，他的智慧应当表现在：既能维护本国人民的利益，也能让世界其他国家人们获益，致力于人类各个文明、各个国家、各个民族相向而不是对立。

第二章 人类社会的未来预测

第一节 民主还是要的

我们今天所做的一切可以说都是为了未来,争取一个更加美好的未来。现代主义将未来定义为完美,它们的目标是追求这种完美。而在中华文明的观念里,人类社会是不会有终极完美的,不是说中华文明不积极追求美,而是中华文明认为所谓的终极完美本身是最丑陋的东西,因为它终结了对美的追求,使未来的未来不再有美可言了。当然这种完美也是不能实现的。

在作者提出社会系统学理论以后,被读者问及最多的一个问题就是:按照社会系统学的理论,人类社会应该如何治理?其实这个问题本身就带有明显的现代主义烙印,因为作者在具体回答这类问题时发现,大多数提问者追问的实质是想获求社会问题更为精确的解答。毫无疑问,一个好的理论体系应当更为科学,更接近事物的普遍规律。但这并不意味一个好的理论体系能够给出任何社会具体问题的精确解答,这是由事物本身规律所决定的。我们所说的科学性恰恰就体现在这里，问题不是绝对的问题，解也不是绝对的解，任何事物都是确定性与不确定性的共同载体。然而一个无法回避的问题又会产生了，既然好的理论体系更加符合事物的普遍规律，它就应当可以指示人类社会发展的趋向，给出社会治理的科学预测。事实上也的确如此，我们所说的大科学理论体系确实可以预测未来，但是这种预测与现代主义的"预见"有着本质的不同，它并不企图告诉我们未来将一定发生什么，而是告诉我们未来不会发生什么和可能发生什么。它强调任何对未来的预测必须为不确定性保留足够的空间，它对未来唯一确定的预测就是，未来不会出现任何形式的永动机。这可能使很多人感到失望，但作者要告诉这些人，这恰恰是未来的希望所在，因为美好永远都会等待着为之奋斗的人们，永远都不会被终结。告诉未来确定发生什么，那是所谓的"股评家"干的事，目的是骗钱，或者是神汉巫婆干的事，目的同样是骗钱。

人类社会的治理未来与今天不会有根本的不同，仍然是在多种价值观中寻求动态的平衡。如果读者一定要追问，难道人类的未来不会比今天更美好吗？作者只能这样来回答，人类的未来可以比今天更美好，但不是必然比今天美好。至于是否能做到比今天更美好，取决于人类对自己的社会系统的整体组织水平能否提高，并持续地动态地加以维持。这里我们需要做几点解释：

一、人类社会的明天并不必然比今天美好这个回答可能让很多读者感到很失落，特别是在他们听惯了太多的政治家对未来不惜溢美之辞的描述后，更容易产生一个巨大的落差。其实我们只要简单地回顾一下人类的历史就容易理解了，历史上的任何一刻都是它之前一刻的未来，我们能在这个历史中的任意一个时段，从之前的历史得出之后的历史一定比之前美好的结论吗？当然不能。因为在回顾历史时，你会发现：历史中有无数片段显示历史中的"未来"比历史中的"今天"要美好，要进步；同样历史中也有无数的片段显示历史中的"未来"比历史中的"今天"更糟糕、更退步。也许有读者说，我能举出一个例外，就是知识和科学技术，随历史的延续人类的知识总量和技术水平一直是在进步的。是的，我们今天具有在几个小时之内就将一个国家摧毁的能力，是以前想都想不到的，但你能干脆地说这是一种进步吗？

前面的讨论说明人类的未来一定比今天美好只是一种幻想，而且在这种幻想中还夹带着期盼圣人出现的不正常心态，那些信誓旦旦描述美好未来的政治家也正是利用了这种心态，企图让人们相信他们就是这样的圣人，只不过他们骗取的不是你的钱，而是你手中的选票。要说人们的这种幻想之所以屡屡被政治家们轻易地利用，根源还是现代主义的世界观在作祟，因为只要真理存在，美好的未来就必然存在。

二、我们将人类社会的未来能否更美好与社会的整体组织水平联系在一起是想强调大科学体系的历史观，我们并不想参与是英雄创造历史还是人民创造历史这样的争论，因为那是现代主义的非此即彼式的争论，是不可能产生所谓的最终正确结果的。我们强调社会的整体组织水平是想告诉读者，社会系统的组织不管你是否意识到，你随时随地都是参与者，既是组织者也是被组织者。一个社会系统有越多的成员能自觉地意识到这一点，并积极参与社会系统的组织实践，那么这个社会系统的未来就有更大的可能更加美好。相反，如果一个社会系统等待圣人出现的成员越多，那么这个社会系统未来更美好的希望就越渺茫。

三、为了在对未来的描述中保留不确定性，我们特意使用了"动态"一词来形容平衡，即这种平衡不是也不可能是稳定的平衡，我们并不企图建立一种固定的制度来建立各种价值观之间的永久平衡，我们的努力重心在于寻求一种便于变化的机制，试图以变来应变。关于这个问题我们还将在下节中重点讨论。

四、作者作出以上预测的依据是组织定律。组织定律告诉我们：a、任何一个价值观都不是绝对的，我们对它都只能有限度地进行追求；b、任何一种组织努力只要停滞不前，它所产生的社会秩序就会变坏。这就决定了，如果我们希望未来的社会更加美好，就必须在各种有积极意义的价值观之间寻求合理的、动态的平衡。实际上，即便在现代主义的理论体系指导下，我们的社会治理也只能做到有条件的价值实现。例如在自由主义理论的主导下，我们只能将自由的价值展现至社会系统能够承受的有限空间内，尽管这时的社会系统组织者在主观上想把自由的价值完美地体现出来，但由于组织定律所决定，他在客观上不能也不可能将自由的作用发挥到所谓的极致。因此实际的组织结果必然是，不得不在自由与其他价值观如平等、公平、环保、加强某些政府权力之间寻求某种平衡。当然这种因迫不得已产生的平衡往往都带有较为明显的畸形，即表现为某一价值观的过度张扬，我们称之为"被迫平衡"。可以想见，一个处于"被迫平衡"状态下的社会系统不会很美丽，因为它不是"鼻子"过大，就是"嘴巴"过大，与其他价值观相处不协调。与此不同，大科学理论由于意识到任何价值观都不可能是绝对的，它会相对比较自觉地在各个价值观之间寻求平衡，我们称之为"自觉平衡"。虽然我们也知道，即便你如何自觉地寻求平衡也不可能实现绝对的平衡，但是当我们主观上有这种自觉性时，我们实现"鼻子"、"嘴巴"、"眼睛"、"耳朵"之间和谐的可能性自然也会增加。这就是大科学理论体系与现代主义理论体系在这个问题上的重大区别。

针对现代主义长期主导社会治理的这个现实，大科学理论体系对未来社会治理相当长时间内的趋势预测是，未来社会治理的自组织程度将有一个缓慢提高的过程。这个过程的实质就是对现代主义造成的社会治理畸形进行"整容"的过程。现代主义造成的最大畸形恐怕要数由神统治的宗教了，从近期在伊拉克迅速扩张的ISIS事件，我们可以清楚地看到这一点。在这个问题上，西方文明甚至还没有意识到这类现象发生的根源。因此，我们说这将是一件长期的任务。要使"整容"成为可能，前提显然是人们普遍地将现代主义世界观转变为中华文明的世界观，而这个转变本身就是一个艰苦和漫长的过程。

那么我们为什么认为在社会系统治理过程中自组织程度的提高有助于对现代主义造成的畸形进行"整容"呢？这还要从作者在《社会系统学的基本原理》一书中建立的五个公理说起。五个公理是这样表述的：

公理一、他组织者获得组织地位后的熵水平大于等于获得该地位之前的水平。用较为通俗的话解释，公理一是说一个握有权力的人发生自私的可能性要大于或等于之前没有这种权力的时候。

公理二、受权力约束的被组织者具有突破权力约束获求额外利益的倾向。公理二是说被组织者具有企图摆脱权力约束获取个人私利的倾向。

公理三、一个具有适度自组织程度的社会系统，在时间足够长的情况下，具有使系统的熵趋于减少的倾向。公理三是说只要社会系统的自组织程度足够高，则这个系统具有使该系统的自私现象减少的倾向。条件是自组织必须保持稳定运作足够长的时间。公理三对以他组织为主的社会系统并不一定成立。

公理四、一个具有适度自组织程度的社会系统，不会多次重复同样的错误。公理四是说只要社会系统的自组织程度足够高，且能长期地稳定运作，则它就不会多次重复同样的错误。公理四同样对以他组织为主的社会系统不一定成立。

公理五、一个具有适度自组织程度的社会系统，在有其他更好的选择情况下，不会长时间地将系统维持在一个熵相对更高的状态下。公理五是说只要社会系统的自组织程度足够高，且能长期地稳定运作，则它就具有改正错误的自觉性。公理五对以他组织为主的社会系统也不一定成立。

要详尽地解释这五个公理的内涵需要占用很大的篇幅，想深入了解这些公理的读者可参阅《社会系统学的基本原理》一书。在这里读者只需关注五个公理揭示的一个重要现象，即随社会系统自组织程度的提高，系统改正错误的自觉性也会随之提高。就他组织为主的组织体系而言，则不会自然地萌发这种改正错误的自觉性，因为手中的权力对他组织者来说就是最大的利益，就是寻租的机会，而不是什么错误。当然我们并不排除他组织者具有圣人的素质，他也会自觉地改正权力漏洞的这种可能性，但那毕竟是小概率事件，是不可靠和可持续的。在我们强调自组织作用的同时，也必须清醒地意识到，并不是自组织程度越高就越好，因为当自组织程度高到一定水平后，系统的组织体系会对所谓的错误过度地"敏感"，从而导致系统难以产生有效的组织实践，使组织效率大大降低。当然经过组织定律的反复教育，我们也不会妄想自组织程度的无限提高。从这个意义上说，我们对未来自组织程度提高的趋势预测只是针对当前社会系统自组织程度普遍较低而言的。当过了一段时间，这种状况得到了根本改善后，我们所说的自组织程度提高的趋势也就不再成为趋势了。

为了反映社会系统的自组织程度，我们将其划分为四个等级：1、主动型他组织社会，即通常我们所说的专制社会。它的特点是他组织者的组织权力通常是通过直接的力量角逐获得的，如通过战争获得权力；2、被动型他组织社会，西方现行的普选体制即属于这种类型。它的特点是他组织者的组织权力是通过被组织者的某种形式的授权获得的；3、被动型自组织社会，它的特点是社会的基层自组织程度已经相当高了，但在宏观层面因技术、专业知识、执行效率等因素的制约人们不得不挑选专门人才来实施管理。人类社会迄今可能尚未出现过这种类型的社会体制，原始的氏族社会和古希腊城邦制国家有点影子，但还不能算是这种社会。因为，不管是原始氏族社会还是古希腊城邦国家，在基本的价值体系上还存在重大缺陷，如存在奴隶现象社会还未基本实现平等。4、主动型自组织社会，它的特点是，自组织通过专业分工已经可以在宏观层面实施有效治理，国家领导人的权力已经非常有限了，他们更像一种摆设或执行人，而不是按照自己的理念进行实际治理的统治者。

  由以上讨论我们可以感受到民主在未来社会治理中的重要作用，但我们所说的民主并不是西方政治家嘴里的民主，它强调的是每一位社会成员在社会系统组织过程中的切实参与，而不是被政治家忽悠来忽悠去的那种简单的投票形式。实际上西方政治家将他们的社会制度标榜为民主制度是非常有害的，其中最大的害处就是让选民们误认为这已经是民主了，从而放松了对社会组织活动的切实参与。民主远远不是一件简单和轻松的事情，它涉及全社会每一个成员的努力，组织定律告诉我们，如果你要从民主中获益，你就必须付出相应的组织努力，简单地靠他人是做不到的。从这个意义上说，民主不是选出来的，而是自己干出来的。没有辛劳的汗水付出，你又怎么能期待秋天的收获呢？

第二节　与魔鬼比速度

在上节我们谈到，未来人类社会的治理强调的是以变来应变，而不是以不变应万变。这首先是一个世界观问题，你如果认为世界存在绝对的真理，真理可以一劳永逸地解决社会问题，那么试图建立一种以不变应万变的社会制度的想法本身就没有什么错，也符合这种世界观的逻辑。但你如果认为世界不存在绝对真理，永动机是不可能实现的，那么试图建立一种以不变应万变的社会制度的出发点就是错误的。其次，不管你现在持有什么样的世界观，在实践中都不可能做到以不变应万变，这不是想不想的问题，而是能不能的问题。否则我们早就不用为盗码、黑客、腐败这类问题劳心了。与其想能够做到，还不如想根本就做不到，提早做好应变的准备。我们无法强迫人们改变自己的世界观，如果你一时悟不到世界观转变的重要性，我们只能这样劝导你。社会问题的治理说白了，就是一个道高一尺魔高一丈，魔高一尺道高一丈循环往复的过程。我们所说的动态平衡追根溯源都可以归结为魔与道之间的动态平衡。人们往往习惯从一个社会的治理者昨天惩治了多少贪官、今天枪毙了多少杀人犯来判断其治理的效果，其实这是有失偏颇的，好的社会治理应当将预防犯罪置于首位，而将打击犯罪视为辅助手段和补救措施。因为从根儿上说贪官也好、杀人犯也好都是制度的缺陷制造出来的，不从治理制度缺陷入手，等于放任制度缺陷不停地制造坏人，而这些所谓的坏人原本可能是对社会有益的人。跟在"痢疾病人"后面擦屁股是擦不干净的，不从病根上着手，病人的体质只会越来越弱。

我们说未来社会与今天的社会在社会治理问题上都在做平衡这件事，所不同的是今天的社会我们是被迫在做，而未来社会则是主动与自觉地追求动态的平衡。千平衡万平衡归根结底就是魔与道的平衡，使社会之道能够持续压制住魔。而要做到这一点，就是要与魔比速度，以道的千变万化应对魔的千变万化。与其说我们选择以变应变是一种无奈，不如说我们的选择是一种自觉。由组织定律我们知道，在社会的治理过程中是没有一劳永逸的解决办法的，人类社会永远都不会彻底消灭魔，没有魔的世界与没有美的世界是等同的，在那样的世界里生命是没有任何意义的。读者可能奇怪，既然你认为这样的世界是不可能存在的，为什么还要反复这么说呢，岂不矛盾？作者之所以不厌其烦地从不同角度反复强调同一内容，目的只有一个，那就是帮助读者加深世界不存在绝对的清醒意识，养成把这种意识作为日常思维出发点的习惯。

在魔与道的斗争中，魔具有一个先天的优势，即魔有先行之利。当道与魔在一轮较量中达到了某种平衡后，社会系统的组织体系就会产生出一系列规则，目的是将魔"锁"在这些规则内，不能轻举妄动。这时社会系统可能会呈现出某种祥和状态，系统的熵比之前明显减少，社会生活井然有序。但是这种宁静必然是短暂的，在歌舞升平的背后潜伏着新的危机。如果你认为魔被彻底制服了，放松了社会系统的组织努力，你将会因此付出更大的代价。在社会系统某一领域的组织成效显现后，魔被遏制，系统产生出减熵的秩序。这时系统组织会出现一种失去目标状态，即以前的魔被有效遏制了，新的魔还未形成势力因而难以观察到，道没有了具体的行动目标。这种状态通常可以视为系统在该领域实现了新一轮的动态平衡，此时系统的组织者——道，因失去了具体目标，由攻势转变为守势，巩固已取得的阵地。与此同时，系统的魔在以往的获利渠道纷纷受阻后，会必然地调动自己的全部智慧分析新秩序的潜在各种漏洞，酝酿下一轮的进攻，一旦发现了可资利用的漏洞，它们就会毫不犹豫地套取非法利益。而系统的道对新魔的侦测和感受自然是滞后的，虽然道的"眼睛"睁得大一些可以缩短滞后的时间，减少新魔对系统的伤害，但不管"眼睛"睁得多大都要等到新魔产生后才能看得到，魔先动道后动，这就是我们所说的"魔的先行之利"。一个很直观的例子就是计算机软件系统的防护与黑客进攻这对魔与道的攻防过程。当系统的防护体系针对病毒采取了有效的防护措施后，旧的病毒被遏制，系统实现了安全运行，道对魔取得了阶段性胜利。但在旧病毒被消灭以后，软件系统的防护体系即出现了失去目标状态，没有了具体目标，它只能由攻转为守，进行正常的系统维护。而此时，黑客们并未闲着，他们正针对新的防护措施想方设法地进行攻击。道尽管知道存在这种潜在攻击的可能，但它无从知道现实的攻击将具体发生在何处，以何种方式和强度进行。积极的道也可以预设各种方案来减少未来攻击的伤害和加快对攻击的反应速度，但不管怎样设置预案，道都只能是后知后觉，待新的魔产生后再采取直接的应对措施。正因为，魔具有先行之利，所以在现实社会中我们常有防不胜防，道高一尺魔高一丈的感觉。那为什么魔总是无孔不入呢？道理很简单，一旦突破道的防线获利巨大，因此魔通常比道更有行为的积极性。每个人都有适度的道德观，为什么作者用适度来形容这种道德观呢，这是因为在不涉及自身利益的情况下那些贪官、毒贩、杀人犯大多数也认为自己的行为不对，没有利益的诱惑他们也不会为之。每个人的道德观又有牢固程度的区分，因此就出现了有些人在同样的利益诱惑下可以坚守道德，而另一些人则不能坚守的情况。能坚守的人认为非法获得这些利益不如心安理得地过正常人生活更有价值，而不能坚守的人则相反。也许受功利主义哲学家边沁的影响，人们现在习惯用价值观来代替道德观，其实价值只是道德的一个重要属性而已，作者对这种替代有保留地赞同，因为这种表述比较直观。既然是价值，它就是动态变化的，就不是永恒的。魔随价值而生而灭，道也随价值而灭而生。

实际上，在社会系统中道与魔的斗争远比我们在这里描述的还要复杂得多。这种复杂性主要表现在如下几个方面：

一、概念的光谱效应。我们在前面的内容中曾提到概念的光谱效应，任何概念都不可能是绝对纯洁的，否则就违反了老子定律。同样，魔与道的概念也不可能是绝对的，即魔非恒魔，道非纯道；魔中有道，道中有魔。如：担任软件防卫职责的工程师可能因为利益的诱惑成为窃取客户信息的魔；扮演反面黑客角色的魔，可能在涉及国家重大利益时承担起破坏敌方攻击体系的英雄卫道士。

二、道之间的相互掣肘。由于社会的治理是方方面面的，每方每面都存在道与魔之争，这就有可能出现此方之道可能是彼方之魔的情况，由此导致不同方面的道之间相互掣肘，效力相消。如：我们在今天的社会治理过程中常听到"一票否决"的提法，例如环保一票否决、安全一票否决、卫生一票否决、甚至意识形态一票否决等等。所谓一票否决是指对一个提案只要具有否决权的一个部门不同意，该提案就不能通过。如果某一领域的治理有绝对的标准，那么一票否决就有存在必然性，如果没有这样的标准，则一票否决就必然会伤及其他领域的治理。当然我们并不否认在某一领域无序状态非常严重的情况下，有矫枉过正的必要，但有得必然就有失，有大得就可能有大失。

三、道的任何具体措施都必然会伤及无辜。此前我们已在多处指出，社会问题的解不可能是纯解，也就是说道的任何措施在抑制魔的产生的同时也会成为新的魔孳生地，更为要紧的是任何道的措施在抑制魔的同时自身也是带有魔性的，这与凡药都有毒性的道理是一样的。特别是在现代主义的实践环境内，道的负作用就更大一些。这是因为在简单的是非思维模式下，道的具体措施表现为各种条条框框，或用老百姓的话说"一刀切"的特征就更为明显，伤及无辜的现象自然也更为普遍。如，法律规定18岁为成年与未成年的界限，以此线为界，一个人享有的政治权利和需要承担的民事与刑事责任都会发生质的变化。其实这是很不合理的，也就是说它的负作用极大。每一个人的情智成熟的程度、生活的独立能力等差异是非常大的，与他的成长环境、受教育程度、遗传基因、时代的变迁、甚至以往的国家政策都有密切关系。如果我们不考虑这种差异，采取"一刀切"的方式处理与此相关的政治、经济、法律问题就难免导致各种不公平的结果。但是反过来思考，如不采取"一刀切"的办法又有什么其他更好的方法吗？的确这是一个两难的问题。虽然作者也无法给出能立竿见影的解决办法，但作者相信有比"一刀切"的方法更好的措施存在，一个可以期待的方向就是加强社会的自组织程度。例如，我们现在主要将一个人的政治权利归结在他是否具有选举权和被选举权上，而不是他实际参与社会治理的能力上，这就势必造成权利与能力的脱节，这是我们的社会制度本身的缺陷，即试图以不变应万变的直接后果。如果我们的社会自组织程度较高，每个人都可以根据自己的能力和专长、爱好参与相应的社会治理实践，就有可能改善这种要么"一刀切"，要么无所作为的被动局面，以机动灵活的变化来应对各种变化，这是我们将在下节重点讨论的内容。

　　读到这里，部分读者可能会感到有点悲观，因为我们强调了太多的困难，好像魔是不可以战胜似的。其实我们用不着垂头丧气，因为在道与魔的斗争中，道也有自己的先天优势，即人多势众的力量优势。这是因为魔的行为相对社会系统整体而言，都是为少数人攫取利益，伤害的却是大多数人，正因为如此我们才将魔称之为魔。而道的行为是力求减少魔的现象存在，它自然符合大多数人的利益，故有得道多助之说。当然我们也不能片面地理解得道多助，因为"得"、"道"、"多"、"助"都不是绝对的。在一些特定的条件下，我们可以找到得道多助的反例，如在有普选制度的国家会出现所谓的"多数人暴政"的现象，得道多助演变成了得势多助；又如在纳粹和军国主义统治下的德国和日本，那种极端的民族主义情绪似乎并不是少数人的病态，而是普遍现象，得道多助又演变成为助纣为虐。但不管是得势多助还是助纣为虐，在将时间延长、空间放大后看，都只是魔的一时得逞，最终都难逃失道寡助的命运。

如果我们用更大的视野来看人类社会，什么是它最大的利益呢？当然是生存问题。在这个根本问题上，人类没有其他的选择，只有让道战胜魔，它才有更大的生存希望。这就是我们不懈地求道，尊道的根本原因和动力源泉。一个很好的例证就是人们的环保意识的唤起。地球自打诞生了自诩为人的这种高级动物就倒了八辈子霉，这种动物比其他所有动物的总和还要贪婪，几乎耗尽了地球所有的珍贵资源。但不知曾几何时，这种动物开始觉悟了，它爱护起其他动物，开始为地球修补疮疤，它将这种行为称为环保——一种此前从未有过的举动。是人类突然不再贪婪了吗？不是，人类仍旧是贪婪的，但当它意识到某种贪婪已经威胁到更根本的生存问题时，它的态度就自然发生了转变，因为享受和生死孰重孰轻是不言自明的。因此，环境保护、低碳经济、可持续发展等等理念逐渐由不起眼的角落走到了人类价值体系的前列。我们不排除在面对享受和生死的选择问题时，有极少数人宁可选择前者，但我们有足够的理由相信，绝大多数人会坚定地选择后者，选择道而不是魔。这也就是对得道多助的注解。然而当我们细数历史时，为什么能够称为盛世的时段却只是星星点点并不占优呢？这不是因为道在实力上斗不过魔，而主要是因为道在速度上输给了魔，道在获得社会治理的优势后往往不能继续保持制度的变化以应对魔的变化，从而让魔有足够的时间和空间积聚起新的力量反扑的结果。因此我们说未来的社会治理关键是针对道与魔的特点探索出好的获胜方法，我们用田径比赛作比喻，道在耐力和冲刺能力上占优，而魔在起跑和爆发力上占优，道的教练组的任务是研究出不同的战法，增加道在比赛中获胜的几率。不管具体使用什么方法，有一点是清楚的，那就是在开始阶段不能让魔甩开得太远，否则即便是你最终赢得了比赛，社会因此付出的代价也会非常惨烈。

第三节 从其他生命社会，人类能学点什么？

如果作者说所有其他生命社会的组织都有比人类社会聪明的地方，恐怕没有人会附合我。然而，人类的科学家早就普遍承认，所有动植物都具有人类所不具备的卓越能力，并在上个世纪中期专门为向动植物学习衍生出一门叫作仿生学的学科。短短数十年这门学科就取得了丰硕的成果，前不久美国休斯敦大学的科学家推出了一种光电伪装系统，就是向章鱼学习的结果。研究人员通过在布上安装一系列光电元件，模仿章鱼感知环境，并随周围环境改变颜色的能力。随着新技术、新材料的进步，科学家已经可以很逼真地模仿蜻蜓、蜂鸟的飞行。但人类对动植物社会系统的研究和认知却相对要浅薄得多。与其说这其中最大的障碍要数信息的沟通问题，即我们不清楚动植物社会系统成员之间是如何交流的。不如说最大的障碍是人类社会太自以为是了，它自以为是高智商的社会不屑与低等级的社会为伍，无意去关注动植物的社会是怎么组织的，更别提向这些社会系统学习点什么了。其实从系统组织的角度观察，作者本节开篇的话是很有道理的。每一个有生命的社会系统都是根据它的生存条件进行长期精心组织的成果，它们中的大部分，适应不同的自然环境和不断改善系统组织的历程要比人类社会长得多，人类社会即便往长了讲，存在也不过百万年，但很多生命社会已经在地球上繁衍生息了上千万年，甚至上亿年，仅从这一点说，它们就有资格用聪明来形容。

人类还习惯用硬实力来说话，这种语言的潜意识是，人类可以战胜其他任何一种生命社会，甚至灭绝它们，而其他的任何生命社会都不能真正挑战人类社会，因此人类社会是"高大上"的。这要看怎么评价所谓的硬实力，如果单从力量上说，人类可以制造飞机、坦克、大炮，人家打不过你。但如果论社会系统的组织能力，就不一定了，正因为这些生命系统力量没有人类大，没有那种气吞山河、改天换地的气魄，决定了它们适应自然的能力相对有限，甚至时时刻刻都面临着生死存亡的考验，因此它们需要在自身社会的组织问题上更加下功夫，否则它们继续生存的机会就会更小。

本书的重点是讨论东西方文明的差异，倡导不同文明相互学习，共创和谐世界。其实动植物社会也有它们的文明，人类文明不仅应当，也可以从其他生命体系的文明中学到很多有益的东西。我们今天有关文明的定义完全是在人本位语境下的产物，是狭隘的现代主义思维结果。以中华文明的世界观理解世界，文明应当是所有系统共同具有的东西，不仅人类以外的其他所谓的生命系统具有这种特征，而且所谓的非生命系统也具有这种特征。因为当我们用"光谱方法"分析概念时，不仅人与其他生命体没有绝对的界限，而且生命体与非生命体也没有绝对的界限。那么，若不以人为中心我们又应当如何理解文明呢？当然还是要从系统这一所有事物共同载体的角度去解释：文明是一种组织现象，它展现的是在特定的生存条件下使系统得以延续和发展的能力。显然在这种理解中，文明并不是只有人类社会才具有的现象。既然其他生命系统也有文明，人类社会就可以学习。

作者这么一说，读者可能也就这么一听，他们也许认为作者说的有一定道理，但大多数人恐怕还是不以为然，毕竟人类社会与其他生命系统存在着巨大的差异，这种学习又能有什么实际的意义呢？本节我们就来回答这个问题。其实作者选择这个"鸡肋"放在本书最后"咀嚼"，目的无非是想告诉读者，人类探索自己社会的组织之路是没有止境的，我们的思想还不够解放，我们的思路还不够开阔，我们需要学习的地方太多太多了，也许在这条道路上我们永远都没有妄自尊大的理由。

与人类一样，其他生命也具有本能，就本能而言其他生命体与人类并没有本质的不同，都含有两大要素：社会依赖性和利己性。当然，人类的本能与其他生命体的本能也有重大区别。其中最主要的区别可能在于，人类随认知能力和技术能力的大幅提高，单体人的生存技能也大幅提高，同时对生活质量的要求也水涨船高，这直接导致了人的本能中的利己程度相对要明显高于其他生命体，即与其他生命体相比，人更加偏于利己，对同类的依赖性较弱。这导致人类的社会系统离散度更高，个性化更强，相反聚合度更低，整体性更差。例如，人类社会存在较高比例的丁克现象，就是社会依赖本能弱化，利己本能增强的结果。从这个问题上我们可以看到，科学技术的进步并不必然地促进社会的进步，甚至还会增加社会系统组织的难度。不少人只注意到，科学技术的进步给人类社会带来的种种便利，包括提供了社会系统组织的新的可能形式，例如互联网的普及促进了信息的流通，但他们往往忽略了科学技术的进步也增加了人们的离散性，放大了利己本能，改变了人类进化方式的一面。人类若不能在这个问题上及早地反省自己，待问题演化为严重问题时，恐怕会因此付出难以想像的代价。而要减少这种风险的有效方法之一就是向没有所谓科学技术的其他兄弟生命系统学习，这不是文明的倒退，而是文明的返璞。学习的目的也不是去科学技术，而是让科学技术更好地为人类社会系统的组织服务。

下面我们以蚂蚁作为例子，看看人类能从它们身上学到什么。蚂蚁：节肢动物门，昆虫纲，膜翅目，蚁科，可以说是一种最为常见的昆虫了。动物学家早就发现蚂蚁具有社会性，他们是这样定义这种社会性的：1、同一群体中的个体间能相互合作照顾幼体；2、群体内部具有明确的职能分工；3、群体内至少两个世代重叠，且子代能在一段时间内照顾上一代。作者不大认同动物学家关于蚂蚁社会性的这个定义，因为它带有明显的现代主义思维逻辑。这种逻辑试图将一个概念与其他概念完整地切割开，这显然违背了老子定律。的确蚂蚁有显著的社会性特征，也符合上述三个要素，但社会性并不是蚂蚁才有，其他不符合定义的动植物就没有，社会性是所有生命系统，甚至所有系统都具有的属性，即系统的整体性。只不过对生命系统而言这种整体性增加了不同程度和不同方式的社会依赖本能的成份。我们不反对使用高度概括的方法对事物进行描述，并认为它是揭示事物个性的必要手段，但如果轻易地将这种概括视为一种事物与其他事物的本质区别则是很危险的，其结果往往是让研究者忽略了事物更为普遍的规律性，从而得出错误的结论。那么以大科学理论体系的视角，我们又该如何看待蚂蚁社会的组织特征呢？

我们站在蚂蚁的角度，用人类的智慧来帮助蚂蚁思考：如何组织自己的社会系统，才能使之更加有利于自身生存的这个问题。蚂蚁的体形即便在昆虫中也属偏小的，行走速度较慢，单体生存能力较低。但蚂蚁的寿命却较长，个体生命一般长达5-7年左右，蚁后的生命甚至可以有几十年长，相对于很多比蚂蚁体形更大的昆虫，蚂蚁的生命算是很长的了。显然，针对这样一个自身条件，蚂蚁采取抱团方式，以集体的力量来弥补先天不足是行之有效的生存之道。对蚂蚁来说要让自己的社会延续下去需要具体解决如下几个重大实际问题：1、生儿育女，繁衍后代；2、建立一个可以防风挡雨的栖身之所；3、有效地获取食物，并合理地供养全体社会成员；4、抵御外侵。而在发挥集体力量的基础上实现上述目标，一个很自然的选择就是在蚂蚁社会内部实施专业分工，即所有社会成员专职承担部分社会责任。事实上，人类替蚂蚁想到的，蚂蚁自己也想到了，并且做到了，甚至做得比人类想像得还要好。蚂蚁社会对其成员实施了全面的分工：蚁后和蚁王专职生育；工蚁负责照顾幼蚁、获取食物、建设蚁穴；兵蚁负责抵御外敌。不仅如此，蚂蚁社会还成功地解决了不同职能的衔接问题：在蚁群诞生的初期，由于还没有成熟的工蚁和兵蚁，蚁后独自负责照顾第一批幼蚁，待这些幼蚁长大后，照顾幼蚁的职责就转交给工蚁；若在蚁群存续期间蚁后不幸死亡，成年蚁中会自动产生出一个新蚁后接过生育的责任；如果蚁群的生存环境天敌较多，蚁群会繁育出更多的兵蚁；由于蚁群是同一个蚁后的后代，因此一个蚁群一般延续一定时间后会自行分家，从而减少了近亲繁殖对遗传基因的不利影响。蚂蚁社会能够将自己的社会组织得这样井然有序，怎能不让我们人类汗颜。谁还能说蚂蚁没有思想、没有智慧？如果说思想活动是一个系统的组织者探寻有利于自身生存的组织方式的能力，那么思想就不是人类的专利，而是所有事物都具有的一种能力。这个说法对有些人来说可能很荒唐，但它却是一种合理的认知。其实把思想视为人类的专利这种意识才是很荒唐的。蚂蚁在思想性上起码有一点比人类要强，那就是蚂蚁没有绝对意识，不会产生邪教、不会因为所谓的真理而发动你死我活的战争、不会利用强大的科学技能来毁灭自己。我们又有谁能肯定人类社会在这个星球上生存得比蚂蚁更长久呢？虽然我们对蚂蚁社会的了解还非常肤浅，不知道蚂蚁是如何实现社会系统组织的，但有一点是必须承认的，即人类社会可以从蚂蚁社会组织经验中学习到一些有价值的东西。当然，我们也清楚，蚂蚁毕竟是蚂蚁，人类毕竟是人类，两者间存在重大的不同，蚂蚁的经验是不可能照搬的。

作者以为，人类社会可以向蚂蚁社会学习的一点是社会组织的专业化。如我们在前面指出的，蚂蚁与人类在本能上的区别在于，蚂蚁的社会依赖本能要明显强于人类。因此蚂蚁相对容易做到通过专业化分工使社会形成整体。而人类的利己本能相对明显，要做到蚂蚁社会的那种分工是非常困难的，因为执行不同职能的群体之间会产生重大的利益冲突，使分工体制难以有效运行。但从反方向思考这个问题，人类越来越利己，社会依赖本能越来越弱，是不是自身的社会系统组织造成的呢？即我们的社会系统组织方式使得我们自己越来越向利己的方向进化了。当然这是一个需要长时间观察才能得出结论的问题，但借助蚂蚁社会的组织表现可以帮助我们推测这个问题的存在，因为今天在我们看来的蚂蚁社会专业化分工的特征肯定不是生来就有的，而是蚂蚁经过长时间探索才成型的。我们有理由相信在这个过程中蚂蚁的社会依赖本能被充分调动，并通过遗传基因的传递不断增强。作为人类来讲，通过基因遗传改造本能的构成比例并不现实，起码不是短时间能够奏效的，但通过社会的组织形态和文化的传承来抑制利己本能的过度张扬却是有现实意义和可能性的。作者在前面的内容中提到，人类未来的社会组织形态是各种价值观的主动调整或曰动态平衡，从更基本层面上讲，要实现这种动态平衡首先就需要做到利己本能和社会依赖本能之间的动态平衡。在今天人的利己本能过度发展的情势下，这也就意味着人类在相当长的时间内的优先任务就是要创造出有利于发挥社会依赖本能的社会制度。在这方面，蚂蚁社会无疑给了我们很好的借鉴。

基于以上认识，作者提出了自己设想的解决方案——专业委员会体制。它的大致构思是：社会的组织体系按照社会治理的主要脉络设置专业委员会，如政治专业委员会、经济专业委员会、法律专业委员会、宗教文化专业委员会、军事专业委员、教育专业委员会等等。每个专业委员会不设置进入门槛，每一位社会系统成员都可以根据自己的兴趣爱好、专业技能、利益关切参加各个专业委员会的日常活动。各个专业委员会的组织制度由所有成员根据该专业委员会的特点制定，与专业委员会对应的行政长官由专业委员会内的专家委员会推荐，再经专业委员会全体成员选举确定，如最高法院的首席大法官应由法律专业委员会内的专家委员会推荐，再经法律专业委员会全体成员选举确定，而不是像现今大多数国家那样由总统任命。在专业委员会体制下，社会成员参与社会组织实践的程度，即社会的自组织程度将大幅提高，反之行政首脑的权力将大幅降低，即他组织程度减弱。这表明社会系统的组织形态有望实现被动型自组织社会体制，即民主程度更高，且更有效的社会组织方式。更为重要的是，这种社会治理方式可能有利于发挥人类社会依赖本能的积极作用，减轻甚至扭转人类本能的社会依赖与利己背离的趋势，使人类更像生命世界的一个和谐的成员，而不是贪得无厌的怪物。注意作者在这里只是说专业委员会体制可能会有利于产生出以上优点，而不是必然产生，这与我们的一贯态度是一致的，即社会问题没有纯解：它只解决问题不产生问题，它必然地具有某种优点。优点和优点的强弱都是需要经过我们大家共同努力才有可能创造出来的。

由于专业委员制度设计涉及很多方面，是一个极其复杂的系统工程，我们将在其他场合专门进行讨论。在此提出这个话题只是想说明一个问题，蚂蚁没有那么渺小，蚂蚁想到的、看到的和做到的，人类未必能想到、看到和做到。人类也并不如自己认为的那样伟大，它今天轰轰烈烈在做的一些事情实际上是非常愚蠢的，其中最愚蠢的事情莫过于对绝对真理的追求，发生在伊拉克和叙利亚的"ISIS"、发生在中国的"全能神教"和恐怖袭击、发生在美国的"历史终结"都是活鲜鲜的事例。在科学技术大发展的今天，我们可以轻易地做到睡更大的床、住更大的房、开更漂亮的车，但我们未必能做到生活在更美好的社会环境下，甚至还可能离这个目标越来越远。醒悟吧，早点，少一些代价。嘿，说你呢，那个自诩为人类的动物！

www.ingramcontent.com/pod-product-compliance
Lightning Source LLC
Chambersburg PA
CBHW030054100526
44591CB00008B/138